# Linie 1

## Deutsch in Alltag und Beruf

### Intensivtrainer B2.2



Ulrike Moritz
Margret Rodi
Lutz Rohrmann

**Ernst Klett Sprachen**

Stuttgart

Von
Ulrike Moritz
Margret Rodi
Lutz Rohrmann

Projektleitung: Annalisa Scarpa-Diewald
Redaktion: Carola Jeschke
Gestaltungskonzept und Layout: Britta Petermeyer, Snow, München und Nürnberg
Satz und Repro: Franzis print & media GmbH, München
Umschlagsgestaltung: Studio Schübel, München
Coverfoto: © Monkey Business – shutterstock.com und RobinE – shutterstock.com
Illustrationen: Hans-Jürgen Feldhaus, Feldhaus Text & Grafik, Münster

**Linie 1 B2 – Materialien**

| | | | |
|---|---|---|---|
| Kurs- und Übungsbuch B1+/B2.1 mit Audios und Videos | 607111 | Intensivtrainer B1+/B2.1 | 607114 |
| Kurs- und Übungsbuch B2.2 mit Audios und Videos | 607112 | Intensivtrainer B2.2 | 607117 |
| Kurs- und Übungsbuch B1+/B2 Gesamtband mit Audios und Videos | 607108 | Lehrerhandbuch B1+/B2 mit Audio-CDs und Video-DVD | 607116 |
| | | Linie 1 Digital B1+/B2 | 607113 |

Besuchen Sie uns auch im Internet: www.klett-sprachen.de/linie1

1. Auflage 1 6 5 4 | 2022 21 20



Druck und Bindung: Print Consult GmbH, München

ISBN 978-3-12-607117-8

MIX
Papier aus verantwortungsvollen Quellen
FSC® C084279

Umzug
Selbstständigkeit
Teamarbeit
Reisen
Handwerk
Ausbildung
Gesundheitswesen
Lieferung
Handel
Politik
Reklamation
Globalisierung
Lebenslauf

# Inhalt

# 9 Für Ihre Gesundheit!

*nach 2*

## 1 Gesundheit und Gesundheitsberufe

**a Welches Wort passt nicht in die Reihe? Streichen Sie es durch.**

1. die Kapsel • das Dragee • die Angina • die Tablette
2. der Apotheker • der Masseur • die Logopädin • die Krankenkasse
3. die Bewegung • das Knie • das Schienbein • der Ellbogen
4. die Grippe • das Rheuma • die Kopfschmerzen • die Stirn
5. der Husten • der Schnupfen • die Arznei • die Erkältung
6. der Nacken • die Behandlung • der Rücken • der Hals

**b Lösen Sie das Kreuzworträtsel.**

1 _ _ _ _ _ _ _ _ _ _ _ G _ _
2 E _ _ _ _ _ _ _ _ _ _
3 _ _ _ S _ _ _ _ _ _ _ _ _ _
4 _ _ _ _ _ _ U _ _ _ _ _ _ _ _ _ _ _ _
5 _ _ _ N _ _ _ _ _
6 D _ _ _ _ _ _ _
7 _ _ _ _ H _ _ _ _ _ _ _
8 _ _ _ _ _ _ _ E
9 I _ _ _ _ _ _ _
10 _ _ _ _ _ T

1. Er versorgt die Patienten im Krankenhaus, ist aber kein Arzt.
2. das Gegenteil von Stress
3. eine Behandlung des Körpers, z. B. bei Rückenschmerzen
4. Sie gibt Hinweise, wie man gesund essen kann.
5. eine Krankheit, bei der man oft niesen muss
6. das Ergebnis einer ärztlichen Untersuchung
7. Sie arbeitet in der Arztpraxis, nimmt Blut ab oder vereinbart Termine mit den Patienten.
8. Maßnahme, um eine Krankheit gar nicht erst zu bekommen
9. Dieses Dokument gibt Auskunft über die Impfungen einer Person.
10. darauf steht, welche Medikamente man einnehmen soll

## 2 Wiederholung: *weil, denn* und *deshalb* – Verbinden Sie die Sätze. Achten Sie auf die Verbposition.

1. Vorsorge ist wichtig. Die Krankenkassen bieten sie an.
2. Marga macht Yoga. Sie will sich entspannen.
3. Kai achtet auf seine Ernährung. Er findet das sehr wichtig.
4. Oliver hat Rückenschmerzen. Er besucht einen Physiotherapeuten.
5. Sara sucht ihren Impfpass. Sie braucht eine Impfung.
6. Leo spricht mit der Krankenkasse. Er möchte einen Zuschuss beantragen.

*1. Vorsorge ist wichtig, deshalb bieten die Krankenkassen sie an.*

## 3 Eine Diskussion – Wo passen die Ausdrücke? Ordnen Sie zu.

~~Gesundheit heißt für mich~~ | Viele Leute meinen zwar | Das sehe ich ganz anders | meiner Ansicht nach | natürlich wäre es gut | Ich bin da geteilter Meinung | Das stimmt natürlich | Einerseits | andererseits

● (1) Gesundheit heißt für mich ........, dass ich mich physisch und psychisch wohlfühle.

○ (2) ........, dass es reicht, körperlich gesund zu sein. Aber ich denke wie Sie, es ist wichtig, sich rundum wohlzufühlen. Für mich ist es zum Beispiel ganz wichtig, viel Sport zu treiben. (3) ........ trainiere ich da meinen Körper, (4) ........ tut es mir auch psychisch gut, weil ich beim Sport am besten abschalten kann.

▲ (5) ........! Wenn ich nach der Arbeit noch zum Sport gehen soll, bedeutet das für mich Stress. Entspannung ist für mich ein Bad oder ein Spaziergang.

● (6 ) ......... Sport ist sehr wichtig, aber er kann auch zu Stress werden, z. B. wenn man Leistungssport betreibt und wegen der Wettkämpfe immer unter Erfolgsdruck steht.

○ (7) ........, aber Bewegung tut (8) ........ immer gut!

▲ Ja, (9) ........, jeden Abend Sport zu machen. Aber mir fehlt leider einfach die Zeit dazu.

*nach 3*

## 4 Ergänzen Sie die Texte.

Wunde | lagern | Schmerzen | akuten | Pflegebericht | Operation | Spritze | ambulant | stationär | Anästhesie

Der Patient wurde mit (1) ........ Magenschmerzen ins Krankenhaus gebracht. Er wurde dort (2) ........ behandelt. Vor der (3) ........ bekam er von der Fachärztin für (4) ........ eine Spritze.

Der alte Herr von nebenan wurde nach seinem Unfall in einer Arztpraxis (5) ........ behandelt. Er hat eine (6) ........ am Bein und muss sein Bein ruhig (7) ......... Im (8) ........ steht, dass er in der Nacht starke (9) ........ hatte. Deshalb bekam er heute von der Pflegerin eine (10) ........ .

## 5 Infinitiv mit oder ohne *zu*? – Kreuzen Sie an.

1. Sie möchte nur von dieser Ärztin (a) behandelt zu werden (b) behandelt werden.
2. Es ist ihr wichtig, ein gutes Vertrauensverhältnis zu ihrer Ärztin (a) haben (b) zu haben.
3. Nicht alle Patienten haben die Chance, sofort einen Termin (a) bekommen (b) zu bekommen.
4. Manche müssen mehrere Wochen auf einen Termin (a) warten (b) zu warten.
5. Der Pfleger hat vor, eine Weiterbildung (a) zu machen (b) machen.
6. Er findet es wichtig, immer auf dem neusten Stand (a) sein (b) zu sein.
7. Ärzte sind verpflichtet, die Schweigepflicht (a) einzuhalten (b) einhalten.
8. Sie dürfen nicht über die Krankheiten ihrer Patienten (a) zu sprechen (b) sprechen.

## 6 Ausdrücke mit Infinitiv mit *zu* – Schreiben Sie die Sätze wie im Beispiel.

1. Ich habe heute Zeit, (meine kranke Nachbarin, Frau Laurenz, besuchen)
   *Ich habe heute Zeit, meine kranke Nachbarin, Frau Laurenz, zu besuchen.*
2. Ich versuche, (mir einmal in der Woche Zeit für sie nehmen)
   ......
3. Heute habe ich vor, (ihr Blumen mitbringen)
   ......
4. Ich beabsichtige, (gleich nach der Arbeit hingehen)
   ......
5. Für Frau Laurenz ist es sehr wichtig, (sich austauschen können)
   ......
6. Ich bedaure, (sie nicht häufiger besuchen können)
   ......
7. Für meine Nachbarin ist es nicht so angenehm, (auf Hilfe angewiesen sein)
   ......
8. Sie freut sich schon darauf, nach ihrer Krankheit (wieder selbstständig einkaufen können)
   ......

*nach 4*

## 7 Nomen und Verben

**a Schreiben Sie passende Verben zu den Nomen. Manche Verben passen mehrmals.**

dokumentieren — messen — besorgen — kontrollieren — nachreichen — verständigen

1. den Gesundheitszustand *kontrollieren*
2. das Verhalten ......
3. den Blutdruck ......
4. die Angehörigen ......
5. Arzneien ......
6. ein Rezept ......

**b Wiederholung: Schreiben Sie mit den Ausdrücken aus 7a Sätze im Passiv Präsens.**

*Der Gesundheitszustand wird kontrolliert.*

**8 Ordnen Sie zu und schreiben Sie die Ratschläge.**

1. Das Wichtigste ist,
2. Sie sollten zuerst
3. Später können
4. Besorgen Sie auf jeden Fall zuerst
5. Sie müssen den Arzt darüber informieren,
6. Bitten Sie im Notfall den Apotheker,

a) Sie den Pflegedienstleiter verständigen.
b) welche Medikamente der Patient nicht verträgt.
c) dass Sie jetzt die Ruhe bewahren.
d) Ihnen das Medikament ohne Rezept zu geben.
e) ein neues Rezept vom Arzt.
f) den Arzt benachrichtigen.

*Das Wichtigste ist, dass Sie jetzt die Ruhe bewahren.*

***nach 6***

**9 Lesen Sie den Leserbrief und markieren und korrigieren Sie die Fehler: sechs Fehler bei der Groß- und Kleinschreibung, viermal fehlt *zu* (Infinitv + *zu*).**

Sehr geehrte Damen und Herren,

mit großem interesse habe ich den Artikel „Acht Stufen zu einem einfacheren Leben" gelesen.
Aus meiner Sicht ist es sehr wichtig, sich den Alltag leichter machen, denn viele Menschen klagen heutzutage über Überlastung. Meiner erfahrung nach ist es aber gar nicht so leicht, sich von Gegenständen zu trennen oder die eigenen Gewohnheiten ändern. Ihre Tipps zum Thema „Ordnung und Zeitmanagement" finde ich deshalb besonders Nützlich. Nachdem ich im letzten Jahr das Gefühl hatte, die Dinge bestimmen mich und nicht Ich bestimme die Dinge, habe ich damit begonnen, kleine Dinge im Alltag ändern. Zum Beispiel hebe ich jetzt nur noch Dinge auf, die ich wirklich brauche. Auch bei meinen verabredungen bin ich kritischer geworden. Ich bleibe auch mal zu Hause, wenn meine Freunde ausgehen und ich eigentlich gar keine Lust habe mitgehen.
Zusammenfassend kann ich sagen, dass ich diese Veränderungen positiv bewerte und mich freuen würde, wenn Sie in Ihrer Zeitschrift weitere Beiträge zu diesem Thema veröffentlichen würden.
Mit freundlichen grüßen
Georg Lemmert

**10 Schreiben Sie Sätze mit *es*.**

1. wie / gehen / es / dir / ? *Wie geht es dir?*
2. finden / du / es / hier / zu kalt / ? ..........
3. was / geben / es / heute / zu Essen / ? ..........
4. ich / haben / es / eilig / . ..........
5. gefallen / es / mir / , ein gutes Buch zu lesen. ..........
6. es / ärgern / mich / , dass du immer zu spät kommst. ..........
7. es / freuen / ihn / , dass du ihn besuchst. ..........
8. schön / es / sein / , am Strand spazieren zu gehen. ..........

# Ihr Wortschatz

## Nomen

die Arznei, -en ..................
die Belastung, -en ..................
der Blutdruck *(Sg.)* ..................
das Darlehen, – ..................
das Durcheinander *(Sg.)* ..................
die Einschätzung, -en ..................
das Faktum, Fakten ..................
die Früherkennung *(Sg.)* ..................
der Gesundheitscheck, -s ..................
das Gleichgewicht *(Sg.)* ..................
das Hospiz, -e ..................
der Impfpass, ¨-e ..................
die Kapsel, -n ..................
der Kontostand, ¨-e ..................
der Kreislauf *(Sg.)* ..................
die Lungenentzündung, -en ..................
der Neid *(Sg.)* ..................
der Orthopäde, -n ..................
die Orthopädin, -nen ..................
der Pflegebericht, -e ..................
die Pflegekraft, ¨-e ..................
die Physiotherapie, -n ..................
das Prinzip, -ien ..................
der Puls *(Sg.)* ..................
die Schulden *(Pl.)* ..................
der Schwindel *(Sg.)* ..................
der Streit *(Sg.)* ..................
die Übergabe, -n ..................
der Vorrat, ¨-e ..................
die Vorsorge *(Sg.)* ..................

## Verben

beabsichtigen ..................
befürchten ..................
bedauern ..................
sich drehen (um + A.) ..................
fördern ..................
klagen (über + A.) ..................
motivieren (zu + D.) ..................
verständigen ..................

## Adjektive

akut ..................
ambulant/stationär ..................
ansteckend ..................
durchschnittlich ..................
langfristig/kurzfristig ..................
liebevoll ..................
nötig/unnötig ..................
objektiv/subjektiv ..................
überlastet ..................
verpflichtend ..................
verwirrt ..................
zwangsläufig ..................

## Andere Wörter und Ausdrücke

etwas in den Griff bekommen ..................
etwas als … betrachten ..................
Wert legen (auf + A.) ..................

## 11 Ergänzen Sie Verben aus „Ihr Wortschatz“ in der richtigen Form.

1. Bei kranken Menschen ........................ ........................ alles ........................ das Thema Gesundheit.
2. Der ältere Herr hat Rheuma und ........................ ........................ Schmerzen.
3. Die Physiotherapeutin ........................ ihre Patientin ........................ täglichen Rückenübungen.
4. Viele Krankenkassen ........................ Vorsorgemaßnahmen gegen Rückenschmerzen.
5. Im Notfall ist es wichtig, schnell einen Arzt zu ........................ .
6. Die Ernährungsberaterin ........................, im Mai an einer Fortbildung teilzunehmen.

## 12 Ergänzen Sie Adjektive aus „Ihr Wortschatz“.

Marcos Mutter ist seit einiger Zeit pflegebedürftig. Trotz seiner Arbeit kümmert Marco sich sehr (1) ........................ um sie. Zuerst dachte er, dass er es ohne Unterstützung schafft. Aber bald merkte er, dass er damit (2) ........................ war und auf professionelle Hilfe angewiesen ist. (3) ........................ fünfmal pro Woche kommt jetzt eine Pflegekraft und unterstützt ihn. Manchmal ist Marcos Mutter etwas (4) ........................, und fragt die Pflegekraft, wer sie ist. Dann ist viel Geduld (5) ........................ .

## 13 Für Ihren Alltag – Schreiben Sie in Ihrer Sprache.

Gesundheit heißt für mich, dass ... ........................
Meiner Ansicht nach ... ........................
Ich bin da geteilter Meinung: ... ........................
Das sehe ich anders. ........................
Ich habe die Möglichkeit, ... ........................
Was würden Sie mir in der Situation empfehlen? ........................
Das Wichtigste ist, dass ... ........................
Besorgen Sie auf jeden Fall zuerst ... ........................
Ich finde es nicht so leicht, ... ........................
Man hat es einfacher, wenn ... ........................
Es ist nie zu spät, ... ........................

## 14 Ihre Wörter und Sätze – Schreiben Sie.

| Ihre Sprache: | Deutsch: |
|---|---|
| ........................ | ........................ |
| ........................ | ........................ |
| ........................ | ........................ |
| ........................ | ........................ |

## 15 Ihr Text – Berufe im Gesundheitswesen. Wählen Sie einen Beruf. Welche Vor- und Nachteile sehen Sie? Schreiben Sie in Ihr Heft.

*Arzthelferin finde ich einen interessanten Beruf. Ich mag es, ... Aber es ist auch ...*

# 10 Kochen ist (k)eine Kunst.

*nach 2*

## 1 Essen und essen gehen

**a Notieren Sie für jedes Adjektiv eine bis zwei mögliche Kombinationen wie im Beispiel. Achten Sie bei den Adjektiven auf die Endungen.**

angenehm vegetarisch traditionell mild scharf umfangreich günstig würzig lecker reichhaltig indisch erstklassig vegan frisch knusprig süß stark riesig

das Menü das Tagesgericht der Duft das Restaurant der Kaffee das Ambiente die Speisekarte der Nachtisch der Hunger der Fisch das Curry die Ente

*ein angenehmer Duft, ein angenehmes Restaurant, ein vegetarisches Menü, ...*

**b Ergänzen Sie Adjektive aus 1a mit den richtigen Endungen. Es gibt verschiedene Möglichkeiten.**

● Ich würde heute Abend gerne zum Essen in ein (1) *günstiges*........ Restaurant gehen. Schau mal, hier ist eine Anzeige von einem (2) ................ Restaurant in der Südstadt. Es wirbt mit einem (3) ................ Ambiente. Und sie haben eine (4) ................ Speisekarte. Außerdem bieten sie immer ein (5) ................ Tagesgericht an.

○ Gibt es da denn auch ein (6) ................ Gericht? Außerdem hätte ich gerne einen (7) ................ Nachtisch. Und meinst du, in dem Restaurant bekomme ich nach dem Essen auch einen (8) ................ Kaffee?

● Ich denke schon. Komm, wir probieren das einfach mal aus! Ich habe schon einen (9) ................ Hunger!

## 2 Adjektive nach dem bestimmten Artikel – Ergänzen Sie die Endungen.

**Ein Kochkurs**

Der (1) engagiert*e*........ Leiter des (2) neu........ Kochkurses macht seine Sache sehr gut. Die (3) motiviert........ Teilnehmenden sind ganz gespannt. Das (4) kompliziertest........ Gericht im (5) ganz........ Kurs ist der (6) traditionell........ Lammbraten. Der (7) geduldig........ Kursleiter hilft den (8) unerfahren........ Teilnehmenden. Mit dem (9) süß........ Nachtisch gibt es keine Probleme. Das (10) lecker........ Essen nach dem (11) gemeinsam........ Kochen ist für die (12) begeistert........ Hobbyköche der (13) absolut........ Höhepunkt des Abends.

**3** **Adjektive ohne Artikel – Alles super? Ersetzen Sie in den Restaurantbewertungen *super* jeweils durch die Adjektive unten. Denken Sie an die Endungen.**

Jakob K.,
**Mainz**

*Chili & Co.*

- super Service
- super Essen
- super Musik
- super Preise ☺ ☺ ☺ ☺

Rebecca L.,
**Hamburg**

*Weinbar „Vinicultura"*

- super Weinkarte
- super Beratung
- super Ambiente
- super Genuss

günstig scharf entspannend freundlich

umfangreich angenehm perfekt erstklassig

Chili & Co.:
- freundlicher Service
- ...

**4** **Adjektive nach bestimmtem, unbestimmtem oder ohne Artikel – Ergänzen Sie die Endungen.**

***(1) Lecker............ Gemüsesuppe***

Du brauchst zwei (2) rot............ Zwiebeln, ein (3) halb............ Pfund Kartoffeln, einen (4) klein............ Sellerie, zwei (5) mittelgroß............ Stangen Lauch, fünf (6) groß............ Karotten, 100 Gramm (7) tiefgefroren............ Erbsen und zum Würzen (8) fertig............ Gemüsebrühe, ein (9) frisch............ Lorbeerblatt, (10) schwarz............ Pfeffer und (11) scharf............ Paprikapulver.

Zuerst musst du die (12) rot............ Zwiebeln mit einem (13) scharf............ Messer in (14) klein............ Würfel schneiden. Dann schälst du das (15) halb............ Pfund Kartoffeln und das (16) übrig............ Gemüse und schneidest alles klein. Gib ein wenig Öl in einen (17) heiß............ Topf und brate die Zwiebeln an. Gib dann die (18) gewürfelt............ Kartoffeln und das (19) geschnitten............ Gemüse dazu und lasse alles kurz anbraten. Bereite so lange mit zwei Litern Wasser eine (20) heiß............ Gemüsebrühe zu und lösche damit dann das Gemüse ab. Gib das (21) frisch............ Lorbeerblatt dazu. Dann kochen lassen, bis alles gar ist. Mit dem (22) schwarz............ Pfeffer und dem (23) scharf............ Paprikapulver würzen. Dazu passt frisch (24) gerieben............ Parmesan, (25) knusprig............ Weißbrot und ein bisschen (26) kräftig............ Olivenöl.

***nach 3***

**5** **Das braucht man zum Kochen. – Schreiben Sie die Wörter mit Artikel und Plural.**

| | | | |
|---|---|---|---|
| 1. das Küchenmesser, – | 3. ............ | 5. ............ | 7. ............ |
| 2. ............ | 4. ............ | 6. ............ | 8. ............ |

## 6 Was braucht man zum ...? – Schreiben Sie die Sätze wie im Beispiel.

1. lesen → Brille
2. Auto fahren → Führerschein
3. malen → Farbe
4. wandern → Rucksack
5. schwimmen → Badehose
6. joggen → Laufschuhe
7. reiten → Pferd

*1. Zum Lesen braucht man eine Brille.*

## 7 *Damit er besser kochen lernt, ...*

**a Schreiben Sie die Sätze mit *damit*.**

1. er / besser / kochen / lernen /, // ich / meinem Freund / einen Kochkurs / schenken / .
   *Damit er besser kochen lernt, schenke ich meinem Freund einen Kochkurs.*
2. er / einen Platz in dem Kochkurs / bekommen /, // er / sich / früh / anmelden / müssen / .
   ..........
3. die Kursleiterin / alles / in Ruhe / vorbereiten / können /, // sie / eine Viertelstunde vor Kursbeginn / kommen / .
   ..........
4. die Teilnehmenden / nichts vergessen /, // sie / ihnen / alle Rezepte / geben /.
   ..........
5. ich / auch / von dem Kochkurs / profitieren /, // mein Freund / mit mir / die Gerichte / kochen / .
   ..........
6. meine Oma / nicht so oft / kochen / müssen /, // ich / ihr / oft / Essen / mitbringen / .
   ..........

**b Markieren Sie in 7a die Subjekte. Schreiben Sie dann die Sätze, in denen die Subjekte identisch sind, mit *um ... zu*.**

*2. Um einen Platz in dem Kochkurs zu bekommen, muss er sich früh anmelden.*

*nach 4*

## 8 Berufliche Kompetenzen

**a Ergänzen Sie die Adjektive beziehungsweise die Nomen mit Artikel.**

| Adjektiv | Nomen | Adjektiv | Nomen |
|---|---|---|---|
| 1. *verantwortlich* | die Verantwortung | 6. .......... | die Belastbarkeit |
| 2. .......... | die Freundlichkeit | 7. flexibel | .......... |
| 3. .......... | die Kreativität | 8. teamfähig | .......... |
| 4. .......... | die Serviceorientierung | 9. kräftig | .......... |
| 5. .......... | das Engagement | 10. geschickt | .......... |

**b Welches Verb passt nicht? Streichen Sie es durch.**

| | |
|---|---|
| 1. Waren | überprüfen • bedienen • bestellen |
| 2. gut mit Stress | umgehen können • klarkommen • belasten |
| 3. auf Ordnung | stellen • Wert legen • achten |
| 4. moderne Arbeitsgeräte | benutzen • kochen • bedienen |
| 5. den Verbrauch | kontrollieren • durchführen • dokumentieren |
| 6. Ruhe | stressen • bewahren • schaffen |

*nach 5*

## 9 Eine Bestellung

**a Ergänzen Sie die passenden Nomen.**

Bestellung Filialen Angaben Leiter Gastronomie Garantie Interesse Kalenderwoche Bemühungen Pfannen

**Anfrage Spezialpfannen für professionelle Induktionsherde**

Sehr geehrte Damen und Herren,

mit großem (1) ............ habe ich in Ihrer Anzeige im Internet gelesen, dass Sie eine neue Generation von Pfannen für die (2) ............ auf den Markt gebracht haben. Die Testberichte zu diesen (3) ............ überzeugen mich. Für unsere Restaurantkette mit zwanzig (4) ............ benötigen wir 100 Pfannen mit 24 cm Durchmesser und 50 Pfannen mit 32 cm Durchmesser.

Könnten Sie diese bis Ende der 35. (5) ............ liefern? Und gewähren Sie bei einer so umfangreichen (6) ............ einen Mengenrabatt?

Bitte schicken Sie uns ein Angebot mit (7) ............ zu Lieferzeiten, Rabatt und (8) ............ .

Vielen Dank für Ihre (9) ............ .

Mit freundlichen Grüßen

Erhan Dilek, (10) ............ Materialbeschaffung

**b Die Antwort auf die Bestellung aus 9a – Ergänzen Sie.**

Sehr geehrter Herr Dilek,

vielen Dank f___ Ihre Anfrage. W___ freuen uns üb___ Ihr Interesse an uns_____ Profipfannen. Die Liefe_____ für die Pfa_____ mit 24 cm Durchm______ beträgt zurzeit dr___ Wochen, die Pfa_____ mit 32 cm Durchm______ können wir sof____ liefern. Wir gewä_____ Ihnen bei Ih____ Bestellung zehn Pro_____ Rabatt. Wir geben ein Ja___ Garantie und freuen u___ auf Ihren Auf_____.

Mit freundlichen Grü____

Melanie Buschkrug, Kundenbetreuung

# Ihr Wortschatz

## Nomen

das Ambiente *(Sg.)*
die Ausdauer *(Sg.)*
die Bestellung, -en
die Bewertung, -en
das Durchsetzungsvermögen *(Sg.)*
die Flexibilität *(Sg.)*
die Forderung, -en
das Gericht, -e
die Geschicklichkeit *(Sg.)*
der Humor *(Sg.)*
der Imbiss, -e
die Instandhaltung *(Sg.)*
die Kompetenz, -en
der Lieferschein, -e
die Lieferung, -en
der Mixer, –
die Pfanne, -n
der Pluspunkt, -e
die Psychologie *(Sg.)*
die Schürze, -n
das Sieb, -e
die Sorgfalt *(Sg.)*
die Speise, -n
die Strategie, -n
der Topf, ¨-e
der Trend, -s
der Verbrauch *(Sg.)*
die Vollständigkeit *(Sg.)*
die Waage, -n
die Zutat, -en

## Verben

ausliefern
braten
durchführen
fordern
sich etwas gönnen
hacken
nachgeben
prüfen
reiben
rühren
schälen
schweigen
umgehen (mit + D.)
vereinbaren

## Adjektive

akzeptabel
bewährt
belastbar
geschmackvoll
kompetent
mild/scharf
serviceorientiert
umfangreich
verantwortungsvoll
vegan
würzig
zäh
zuständig
zuverlässig

**10 Welche Wörter aus „Ihr Wortschatz“ passen zu den Oberbegriffen? Schreiben Sie sie in eine Tabelle. Ergänzen Sie weitere Wörter.**

| *Essen ist …* | *das braucht man zum Kochen* | *das macht man beim Kochen* | *berufliche Kompetenzen* |
|---|---|---|---|
| *geschmackvoll* | *der Mixer, –* | *braten* | *die Ausdauer*<br>*belastbar* |

**11 Ergänzen Sie passende Wörter aus „Ihr Wortschatz“. Manchmal gibt es mehrere Möglichkeiten.**

1. Wenn man Steaks brät, muss man darauf achten, dass das Fleisch nicht ........................ wird.
2. Meine Freundin isst weder Fleisch noch Milchprodukte, weil sie sich ........................ ernährt.
3. Wenn ich mittags wenig Zeit habe, hole ich mir schnell ein Hähnchen vom ........................ .
4. Beim Essengehen ist mir wichtig, dass die Einrichtung des Restaurants ........................ ist.
5. Haben Sie die Lieferung auf ihre ........................ kontrolliert?
6. Bei Verhandlungen ist ........................ sehr wichtig.
7. Das erste Angebot, das der Großhändler mir gemacht hat, war nicht ........................ .

**12 Für Ihren Alltag – Schreiben Sie in Ihrer Sprache.**

Ich gehe gerne indisch essen. ........................
Um … zu kochen, braucht man … ........................
Für meinen Beruf ist es sehr wichtig, dass man … ........................
Man sollte natürlich auch belastbar sein. ........................
Das war anders vereinbart. ........................
Ich hatte ausdrücklich darauf hingewiesen, dass … ........................
Da muss ein Missverständnis vorliegen. ........................
Wäre das eine akzeptable Alternative für Sie? ........................
Vielen Dank für Ihr Entgegenkommen. ........................

**13 Ihre Wörter und Sätze – Schreiben Sie.**

| Ihre Sprache: | Deutsch: |
|---|---|
| ........................ | ........................ |
| ........................ | ........................ |
| ........................ | ........................ |
| ........................ | ........................ |

**14 Ihr Text – Was ist Ihr Lieblingsgericht? Warum? Was braucht man dazu? Wie bereitet man es zu? Wann essen Sie es? Schreiben Sie in Ihr Heft.**

*Mein Lieblingsgericht ist Falafel. Es erinnert mich …*

# 11 Handel international

*nach 1*

## 1 Handel früher und heute

**a In der Wortschlange finden Sie dreizehn Komposita zum Thema „Handel". Markieren Sie die Wörter und notieren Sie sie mit Artikeln und wo möglich der Pluralform.**

ungig|großhandel|ntezielgruppeludumweltstandardhaltumijnachfragelaluikterkundenorientierungreriur

servicequalitätnmimantdienstleistungiwechselkurslopesinternetauftrittkyproduktqualität

ülenmarktlückeckamfirmenstandortuwebseitesat

der Großhandel, die ........................................

........................................

........................................

........................................

**b Ergänzen Sie die Sätze mit passenden Wörtern aus 1a in der richtigen Form.**

Die Firma SKE bietet (1) Dienstleistungen für Unternehmen an. Dabei ist uns der Kontakt zu unseren Kunden, also die (2) .................... besonders wichtig. Auch (3) .................... wird bei uns groß geschrieben: Damit die Qualität von unserem Service gewährleistet ist, gibt es auf unserer (4) .................... im Internet auch eine extra Rubrik: „Wie zufrieden sind Sie mit unserem Service?" Die (5) .................... nach unserem Angebot ist in den letzten Jahren so stark gestiegen, dass das Management zurzeit diskutiert, einen weiteren (6) .................... im Ausland zu eröffnen. Schon jetzt arbeitet ein Team daran, den (7) .................... unserer Firma so zu gestalten, dass er international gut verständlich ist.

*nach 2*

## 2 Welche Wörter haben eine ähnliche Bedeutung? Finden Sie Paare.

~~anpassungsfähig~~ senkrecht das Gefühl die Wirkung provozieren bildlich der Effekt potenziell hervorrufen die Emotion möglicherweise ~~flexibel~~ vertikal visuell

anpassungsfähig – flexibel

## 3 Handel im Netz – Ergänzen Sie den Leserbrief.

Sehr gee_____ Redaktion,

m___ großem Inte_______ habe i___ Ihren Art_____ über Han____ im Ne___ gelesen, in d___ Sie un____ anderem üb___ den starken Zuw_____ im Onlineh_______ schreiben. Ei___ weitere Mel_____ las i___ neulich: Au___ Toilettenpapier u___ Tierfutter wer____ immer häuf_____ online gek_____.

Ich fr____ mich: Mu___ das se___? Natürlich i___ es prak_______, wenn m___ alles i___ Haus geli______ bekommt, ab___ gleichzeitig ste____ der Ant____ der Verpac________ im Haus_____ sehr st____ an. I___ das g___ für uns____ Umwelt? I___ kann vers_______, wenn m___ das ei___ oder and____ online ka____, weil m___ es so____ vielleicht ni____ bekommt od___ weil es do___ viel güns_______ ist. Ab___ Artikel d___ täglichen Bed_____? Nein, da hö___ bei m___ das Verst________ auf!

M___ freundlichen Grü____

Ludmilla Vero

## 4 Wiederholung: Konnektoren – Schreiben Sie die Sätze. Achten Sie auf die Verbstellung.

1. Viele Menschen bestellen etwas online. Es ist dort billiger. (weil)
2. Das Angebot ist manchmal auch größer. Der Online-Handel hat Vorteile. (deshalb)
3. Ihre Nachbarin nimmt die Ware an. Aylin ist nicht zu Hause. (wenn)
4. Die Firmen gestalten ihren Internetauftritt interessant. Sie ziehen Kunden an. (damit)
5. Sie verschicken Newsletter. Sie machen auf neue Produkte aufmerksam. (um … zu)
6. Lino kauft manchmal online ein. Er geht lieber persönlich in die Geschäfte. (obwohl)
7. Seine Frau kauft lieber im Internet ein. Sie wenig Zeit hat. (da)
8. Sie schickt die Ware wieder zurück. Ihr gefällt sie nicht. (falls)

*1. Viele Menschen bestellen etwas online, weil es dort billiger ist.*

## 5 *indem, ohne dass, ohne zu*

### a Ein Hotel buchen – Ordnen Sie zu.

1. Ich beginne die Suche nach einem Hotel,
2. Ich reserviere nicht,
3. Indem ich die Gästebewertungen lese,
4. Oft kann man ein Hotel online reservieren,
5. Indem ich frühzeitig anfange zu suchen,
6. Ich kann mir kaum vorstellen, wie man früher gereist ist,

a) ohne gleich bezahlen zu müssen.
b) verschaffe ich mir einen Eindruck über die Qualität des Hotels.
c) ohne dass man sich vorher im Internet informieren konnte.
d) indem ich zuerst im Internet recherchiere.
e) erspare ich mir Hektik kurz vor der Reise.
f) ohne dass ich vorher online verschiedene Hotels angeschaut habe.

**b Ergänzen Sie *indem, ohne dass* oder *ohne zu*.**

1. Indem ............ du Produkte auf dem Markt kaufst, kannst du die regionale Wirtschaft fördern.
2. Olaf kauft nie etwas, ............ vorher im Internet ............ recherchieren.
3. Bei uns in der Nähe gibt es viele Läden. Wir können alles einkaufen, ............ wir das Auto benutzen.
4. Yazemin hilft ihrer alten Nachbarin, ............ sie ihr den Einkauf in die Wohnung trägt.
5. Mit der neuen Kreditkarte kann man kleine Beträge bezahlen, auch ............ man seine PIN eingibt.
6. Sie fand das Kleid so schön, dass sie es gekauft hat, ............ lange ............ überlegen.

***nach 4***

## 6 Welches Verb passt nicht? Streichen Sie es durch.

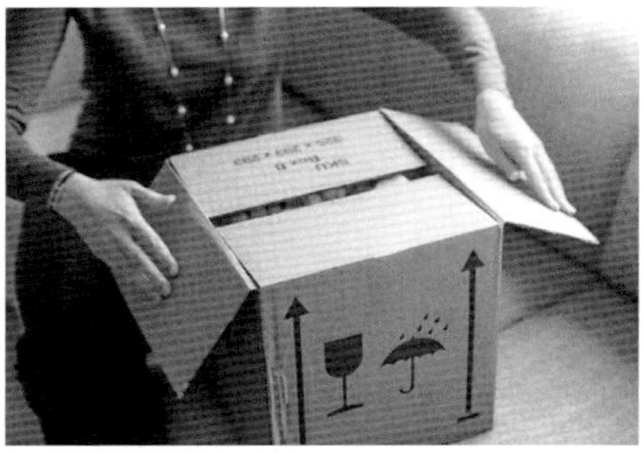

| | |
|---|---|
| 1. einen Mangel | beheben • beseitigen • ~~abziehen~~ |
| 2. ein Problem | ausfüllen • lösen • beschreiben |
| 3. die Ware | liefern • auspacken • beheben |
| 4. 10 % vom Kaufpreis | abziehen • schreiben • zurückbekommen |
| 5. eine Rechnung | begleichen • schreiben • halten |
| 6. einen Vertrag | aufsetzen • auspacken • korrigieren |
| 7. die Lieferung | erstellen • vereinbaren • entgegennehmen |
| 8. ein Formular | ausfüllen • benötigen • lösen |
| 9. einen Entwurf | begleichen • erstellen • kommentieren |
| 10. einen Termin | verschieben • halten • überarbeiten |

## 7 Partizip I und II

**a Bilden Sie Partizip I und Partizip II der folgenden Verben.**

| Infinitiv | Partizip I | Partizip II |
|---|---|---|
| 1. auftreten | auftretend | aufgetreten |
| 2. auslaufen | ............ | ............ |
| 3. beauftragen | ............ | ............ |
| 4. benötigen | ............ | ............ |
| 5. erledigen | ............ | ............ |
| 6. gelten | ............ | ............ |
| 7. haben | ............ | ............ |
| 8. installieren | ............ | ............ |
| 9. korrigieren | ............ | ............ |
| 10. transportieren | ............ | ............ |
| 11. überarbeiten | ............ | ............ |

b Ergänzen Sie die richtigen Partizipformen. Denken Sie an die Endungen.

Wichtig! An alle Mitarbeitenden im Projekt NT277

Die (1) installierten (installieren) Turbinen funktionierten leider nicht fehlerfrei, weil die (2) ............ (gelten) Normen nicht beachtet wurden.

Neu (3) ............ (überarbeiten) Pläne finden Sie im Intranet.

Mit freundlichen Grüßen

Xaver Kranz

Liebe Frau Seibert,

der (4) ............ (korrigieren) Text gefällt mir jetzt viel besser. Bitte schicken Sie den (5) ............ (verbessern) Entwurf an Frau Lenz. Die eigentlich damit (6) ............ (beauftragen) Kollegin, Frau Clio, ist nämlich krank.

Viele Grüße

Lisa Sommer

Das gerade (7) ............ (auslaufen) Schiff wurde sofort gestoppt, als bekannt wurde, dass die darauf (8) ............ (transportieren) Waren aufgrund eines internationalen Abkommens nicht verschifft werden dürfen. Die (9) ............ (Dienst haben) Kapitäne wurden verhaftet.

Das für eine Reklamation (10) ............ (benötigen) Formular finden Sie im Internet unter www.fomx.el. Bei (11) ............ (auftreten) Fragen kontaktieren Sie bitte unser Service-Center per E-Mail.

*nach 5*

## 8 Warum haben sich die Firmen für eine Zusammenarbeit entschieden? Markieren Sie die passenden Pronomen.

1. Die Firmen können jetzt in vielen Bereichen miteinander / füreinander / einander kooperieren.
2. Sie müssen nicht mehr aufeinander / gegeneinander / übereinander konkurrieren.
3. Die Unternehmen können sogar aneinander / füreinander / voneinander profitieren.
4. Die Geschäftsleitungen haben lange einander / miteinander / zueinander verhandelt.
5. Sie haben sich gut durcheinander / voreinander / übereinander informiert.
6. Auf vielen Gebieten kann die Belegschaft etwas voneinander / aneinander / zueinander lernen.
7. Die Mitarbeiter können miteinander / einander / nacheinander vertrauen.
8. Sie werden auch in Krisenzeiten hintereinander / zueinander / aufeinander stehen.

# Ihr Wortschatz

## Nomen

die Baustelle, -n ........
das Bauteil, -e ........
die Beleidigung, -en ........
die Beschreibung, -en ........
die Besprechung, -en ........
die Dienstleistung, -en ........
der Effekt, -e ........
der Entwurf, ¨-e ........
der Export, -e ........
die Geste, -n ........
die Gestik *(Sg.)* ........
der Großhandel *(Sg.)* ........
die Grundlage, -n ........
die Haltbarkeit *(Sg.)* ........
die Konsequenz, -en ........
die Kundenorientierung *(Sg.)* ........
der Mangel, ¨- ........
die Mahnung, -en ........
die Marktlücke, -n ........
die Mimik *(Sg.)* ........
die Nachfrage *(Sg.)* ........
die Nachhaltigkeit *(Sg.)* ........
die Produktion *(Sg.)* ........
der Umsatz *(Sg.)* ........
der Umweltstandard, -s ........
die Währung, -en ........
der Wechselkurs, -e ........
die Zielgruppe, -n

## Verben

ablehnen ........
(gut) ankommen ........
anpassen (an + A.) ........
jemanden auffordern ........
ausliefern ........
berücksichtigen ........
bestätigen ........
expandieren ........
gelten ........
installieren ........
kommentieren ........
provozieren ........
recherchieren ........
etwas/jemanden schätzen ........
montieren ........
überarbeiten ........

## Adjektive

abhängig ........
aktuell ........
anpassungsfähig ........
bewusst ........
einzigartig ........
global/lokal ........
horizontal/vertikal ........
online/offline ........

## Andere Wörter und Ausdrücke

indem ........
ohne dass ........
ohne zu ........
vor Ort ........

## 9 Ergänzen Sie passende Verben oder Nomen aus „Ihr Wortschatz".

| Verb | Nomen |
|---|---|
| 1. ........................ | die Aufforderung |
| 2. besprechen | ........................ |
| 3. ........................ | die Bestätigung |
| 4. entwerfen | ........................ |
| 5. exportieren | ........................ |
| 6. produzieren | ........................ |
| 7. ........................ | die Recherche |
| 8. ........................ | die Überarbeitung |

## 10 Ergänzen Sie passende Verben aus „Ihr Wortschatz". Einige Verben passen mehrmals.

1. einen Entwurf *ablehnen, kommentieren, überarbeiten*
2. aufkommende Fragen ........................
3. Waren ........................
4. eine E-Mail ........................
5. eine Reaktion ........................
6. ein Computerprogramm ........................
7. ein Bauteil ........................

## 11 Für Ihren Alltag – Schreiben Sie in Ihrer Sprache.

Vielleicht geht es darum, dass ... ........................

Man muss beachten, dass ... ........................

Die Firma XY produziert ... ........................

Das Unternehmen bietet Produkte / Dienstleistungen im Bereich ... an. ........................

Das Besondere an der Firma ist ... ........................

Der Umsatz betrug im letzten Jahr ... ........................

## 12 Ihre Wörter und Sätze – Schreiben Sie.

| Ihre Sprache: | Deutsch: |
|---|---|
| ........................ | ........................ |
| ........................ | ........................ |
| ........................ | ........................ |
| ........................ | ........................ |

## 13 Ihr Text – Für welche Firma würden Sie gerne arbeiten? Warum? Schreiben Sie in Ihr Heft.

*Ich finde die Autoindustrie sehr interessant. Deshalb würde ich gern ...*

# 12 Politik für dich

*nach 1*

**1 Grundrechte – Ergänzen Sie die Wörter.**

ungestörte verbreiten gleich Politisch äußern gleichberechtigt

1. Alle Menschen sind vor dem Gesetz ..........................................................................
2. Männer und Frauen sind ..........................................................................
3. Die .......................................................................... Religionsausübung wird gewährleistet.
4. Jeder hat das Recht, seine Meinung … in Wort und Schrift frei zu .......................................................................... und zu .......................................................................... …
5. .......................................................................... Verfolgte genießen Asylrecht.

*nach 2*

**2 Lösen Sie das Kreuzworträtsel zum Thema „Politik".**

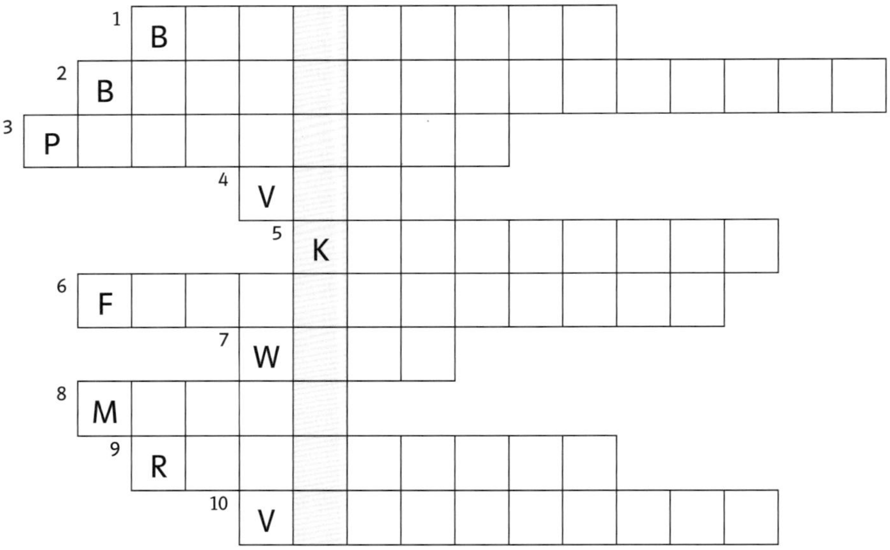


1. In dieser Institution macht man in Deutschland Gesetze.
2. Offiziell ist … das höchste politische Amt in Deutschland.
3. Das ist ein allgemeineres Wort für Nr. 1. Hier werden Gesetze diskutiert und beschlossen.
4. Ein ähnliches Wort wie Bevölkerung. Das … ist in Deutschland der Ausgangspunkt aller Staatsgewalt.
5. Sie/Er steht an der Spitze der Exekutive (weibliche Form).
6. In Deutschland bestimmen die Bundesländer die Politik mit. Dieses System nennt man …
7. Alle vier Jahre gibt es eine … auf Bundesebene.
8. Aufgrund der Gewaltenteilung hat niemand allein die …
9. Dieses Gremium besteht aus Ministern und Ministerinnen. Nr. 5 ist die Chefin davon.
10. Neben einer verantwortungsvollen Nr. 9 ist eine gut organisierte … sehr wichtig für eine funktionierende Gesellschaft.

Lösungswort: Das ist eine Regierungsform.

## 3 Ergänzen Sie die Sätze mit den passenden Nomen.

Eurozone Gerechtigkeit Klimaschutz Elektromobilität Windenergie Atomkraftwerke Exportförderung Sicherheit

1. Der .................................................. wird aufgrund der Erderwärmung immer wichtiger.
2. Autos mit Benzin- oder Dieselmotor schaden dem Klima, weswegen die .................................................. gefördert wird.
3. In Deutschland wird jedes Jahr mehr Strom aus .................................................. erzeugt.
4. .................................................. sind gefährlich, deshalb ist Deutschland aus dieser Form der Energieproduktion ausgestiegen.
5. Jede Regierung betreibt .................................................., um mehr Waren im Ausland zu verkaufen.
6. Wirtschaftlicher Erfolg ohne soziale .................................................. gefährdet die Demokratie.
7. Für viele Menschen ist .................................................. wichtiger als Freiheit, was ein Problem sein kann.
8. Die EU hat 27 Mitgliedsländer, davon sind 19 in der .................................................. (Stand 2019).

## 4 Wiederholung: Nebensätze – Was passt zusammen? Manchmal gibt es mehrere Möglichkeiten.

1. Mehmet hat die Grünen gewählt,
2. Oskar wählt eine linke Partei,
3. Nachdem Deutschland sehr viele Migranten aufgenommen hatte,
4. Politik muss immer wieder gut erklärt werden,
5. Anstatt die Ängste der Menschen zu fördern,
6. Die Demokratie braucht das Engagement der Bürger/innen,

a) damit die Menschen sie verstehen.
b) fühlten sich viele Bürger/innen verunsichert.
c) obwohl er nicht alle Punkte des Wahlprogramms gut findet.
d) sollte man die Probleme konkret bearbeiten.
e) denn sonst stirbt sie.
f) weil für ihn soziale Gerechtigkeit das wichtigste Thema ist.

## 5 Weiterführende Nebensätze – Welche Konnektoren passen? Markieren Sie.

1. In Deutschland sind Wahlen frei und geheim, worauf / wovon die Bürger großen Wert legen.
2. Es wird in Zukunft weniger einfache Tätigkeiten geben, was / weswegen lebenslanges Lernen wichtig ist.
3. Es gibt die Forderung nach einem Grundeinkommen für alle ohne Arbeit, wofür / was viele nicht nachvollziehen können.
4. Das meiste Geld bekommt der Staat durch die Umsatzsteuer (Mehrwertsteuer), wo / was viele Leute gar nicht wissen.
5. Viele Menschen interessieren sich nicht für Politik, wodurch / wofür sie auf ihr Recht auf Mitbestimmung verzichten.
6. Manche behaupten, dass man sowieso nichts ändern kann, weswegen / wofür sie jedes Engangement sinnlos finden.

*nach 4*

## 6 Eine Podiumsdiskussion

**a Ergänzen Sie die passenden Verben.**

~~begrüße~~ umsetzen kämpfen beschreiben sagen unterbrechen brauchen finde einsteigen spricht angewiesen bekommen

- ● Liebe Bürgerinnen und Bürger, herzlich willkommen zu unserer Diskussionsrunde vor der Wahl. Ich (1) *begrüße* unsere Bürgermeisterin, Frau Lenz, und ihren Herausforderer, Herrn Hakan El Mohtarim.
- ○ Danke für die Einladung.
- ▲ Ja, danke.
- ● Dann lassen Sie uns doch gleich in unser erstes Thema (2) ............, in die Verkehrspolitik. Wie würden Sie da Ihr Konzept (3) ............, Frau Lenz?
- ○ Langfristig (4) ............ wir für eine autofreie Innenstadt. Uns ist klar, dass man das schrittweise (5) ............ muss, aber das ist unser Ziel, damit wir endlich lebenswerte Innenstädte (6) ............ .
- ▲ Darf ich dazu gleich etwas (7) ............?
- ● Ja, Herr Mohtarim, bitte.
- ▲ Also, ich (8) ............ das übertrieben. Es sind viele Leute auf das Auto (9) ............ . Man kann das nicht von heute auf morgen ändern.
- ○ Entschuldigung, aber ich muss sie jetzt wirklich (10) ............ . Niemand (11) ............ von sofortigen Änderungen. Aber langfristig (12) ............ wir weniger Autos, statt mehr Parkplätze.

**b Redemittel in einer Diskussion – Ordnen Sie zu.**

1. Lassen Sie uns gleich — *f*
2. Darf ich darauf
3. Bitte lassen Sie mich
4. Das kann ich nicht
5. Einen Moment, bitte!
6. Ich kann Ihnen
7. Wie Frau Lenz
8. Sie haben zwar teilweise recht,
9. Nur einen Satz noch,
10. Meine Damen und Herren, ich

a) Sie sind gleich dran.
b) da nur zustimmen.
c) vorhin bereits erwähnt hat, …
d) dann bin ich fertig.
e) direkt antworten?
f) in das Thema einsteigen.
g) meinen Gedanken zu Ende führen.
h) danke Ihnen allen für das anregende Gespräch.
i) unwidersprochen stehen lassen.
j) aber das ist eben nur ein Teil der Wahrheit.

## 7 Wiederholung: Präpositionen und Kasus

**a Schreiben Sie diese Präpositionen in die Tabelle.**

~~ab~~ von durch ohne in aufgrund zwischen innerhalb bis aus trotz für bei gegen seit während nach auf anlässlich um mit zu außerhalb statt hinter an vor wegen über neben unter

| mit Akkusativ | mit Dativ | mit Akkusativ oder Dativ | mit Genitiv |
|---|---|---|---|
| | ab | | |

**b Ergänzen Sie die Artikel- und Adjektivendungen.**

1. In Deutschland darf man ab d............. 18. Lebensjahr wählen gehen.
2. An ihr............. 18. Geburtstag haben viele Jugendliche auch schon ihren Führerschein.
3. Während d............. Wahl dürfen keine Umfragen veröffentlicht werden.
4. Nach d............. Ende der Wahl ist das Ergebnis meistens innerhalb kürzest............. Zeit bekannt.
5. Besonders vor d............. Wahlen gibt es auf all............. Fernsehkanälen viele Informationssendungen.
6. Trotz d............. großen Angebots informieren sich viele Leute nicht genug über Politik.
7. Neben d............. Bundestag sind auch die Landtage wichtige Parlamente in Deutschland.
8. Viele Berlin-Touristen gehen auch in d............. Reichstagsgebäude und in d............. große Kuppel.
9. Mit d............. 18. Geburtstag ist man in Deutschland volljährig und hat auch das Wahlrecht.

## 8 Präpositionen mit Genitiv – Ergänzen Sie die passenden Präpositionen.

während innerhalb trotz anlässlich statt wegen aufgrund

(1) ............................... unseres 10. Firmenjubiläums möchten wir alle unsere treuen Kunden zu einer kleinen Feier einladen.

(2) Das Schwimmbad bleibt ............................... des schlechten Wetters bis auf Weiteres geschlossen.

(3) Bitte benutzen sie ............................... des Gebäudes kein Blitzlicht zum Fotografieren.

(4) Unser Geschäft bleibt heute ............................... einer Erkrankung geschlossen.

(5) ............................... eines Geschenks bitte ich euch um eine Spende für UNICEF.

(6) Das Seminar findet ............................... der geringen Teilnehmerzahl wie geplant statt.

(7) ............................... unseres Urlaubs wenden Sie sich in dringenden Fällen bitte an die Praxis Dr. Ludwig, Tel: 0162 6170078

# Ihr Wortschatz

## Nomen

das Asylrecht *(Sg.)* ..................
der Bundespräsident, -en ..................
die Bundespräsidentin, -nen ..................
der Bundesrat *(Sg.)* ..................
der Bundestag *(Sg.)* ..................
das Bundesverfassungsgericht ..................
der Datenschutz *(Sg.)* ..................
die Exekutive *(Sg.)* ..................
das Finanzamt, ¨-er ..................
der Föderalismus *(Sg.)* ..................
das Gericht, -e ..................
die Gleichbehandlung *(Sg.)* ..................
das Grundrecht, -e ..................
die Judikative *(Sg.)* ..................
der Kanzler, - ..................
die Kanzlerin, -nen ..................
der Klimaschutz *(Sg.)* ..................
die Landwirtschaft *(Sg.)* ..................
die Legislative *(Sg.)* ..................
die Macht *(Sg.)* ..................
der Minister, - ..................
die Ministerin, -nen ..................
das Parlament, -e ..................
der Richter, - ..................
die Richterin, -nen ..................
der Sozialismus *(Sg.)* ..................
der Sozialstaat, -en ..................
das System, -e ..................
der/die Verfolgte, -n ..................

## Verben

ausgehen (von + D.) ..................
ausreden (lassen) ..................
jemanden beleidigen ..................
etwas beschließen ..................
debattieren (über + A.) ..................
einbeziehen ..................
interpretieren ..................
mitbestimmen ..................
protestieren (gegen + A.) ..................
verbreiten ..................
(sich) vernetzen ..................
visualisieren ..................

## Adjektive

demokratisch ..................
direkt/indirekt ..................
geheim ..................
gerecht ..................
gleichberechtigt ..................
konservativ ..................
liberal ..................
national ..................
selbstbestimmt ..................
übersichtlich ..................
ungestört ..................
zentral ..................

## Andere Wörter und Ausdrücke

anlässlich ..................
aufgrund ..................
innerhalb/außerhalb ..................
statt ..................
trotz ..................
weswegen/weshalb ..................

## 9 Welche Nomen aus „Ihr Wortschatz" passen zu diesen Oberbegriffen?

Legislative: ..............................

Exekutive: ..............................

Judikative: ..............................

## 10 Ergänzen Sie Verben aus „Ihr Wortschatz" in der passenden Form.

1. Wenn man politisch etwas erreichen möchte, dann muss man sich mit Menschen .............................., die die gleichen Interessen haben.
2. Parlamente machen Gesetze und Gerichte sind dazu da, um die Gesetze zu ...............................
3. Im Bundestag wird über neue Gesetze ...............................
4. Wer in der Politik .............................. will, muss sich zuerst gut informieren.
5. In einer Diskussion soll man die Gegner auch .............................. lassen und man darf sie auf keinen Fall ...............................
6. In einer Demokratie darf man gegen Entscheidungen des Staates auch öffentlich ...............................

## 11 Für Ihren Alltag – Schreiben Sie in Ihrer Sprache.

Das Thema meines Referats ist … ..............................

Ich möchte betonen, dass … ..............................

Außerdem möchte ich noch … erklären. ..............................

Ich bin gegen Steuererhöhungen, weswegen … ..............................

Viele interessieren sich nicht für Politik, was ich (nicht) verstehen kann. ..............................
..............................

Darf ich dazu gleich etwas sagen? ..............................

Ich möchte darauf direkt antworten. ..............................

Bitte lassen Sie / lass mich ausreden. ..............................

Einen Moment, Sie sind / du bist gleich dran. ..............................

Im Prinzip haben Sie recht. ..............................

Ich kann Ihnen da überhaupt nicht/voll zustimmen. ..............................

## 12 Ihre Wörter und Sätze – Schreiben Sie.

| Ihre Sprache: | Deutsch: |
| --- | --- |
| .............................. | .............................. |
| .............................. | .............................. |
| .............................. | .............................. |
| .............................. | .............................. |

## 13 Ihr Text – Wenn ich in meiner Stadt Bürgermeister/in wäre … Notieren Sie Ihre Ideen für Ihre Stadt.

*Wenn ich Bürgermeisterin wäre, dann würde ich zuerst …*

# C Grammatik wiederholen

## Fragen und indirekte Fragesätze: Fragen wiedergeben, höflicher fragen

- Indirekte Fragesätze sind Nebensätze, das konjugierte Verb steht am Ende.
  *Der Chef fragt: „Wann kommen Sie morgen zur Arbeit?"*
  *Der Chef möchte wissen, wann **ich** morgen zur Arbeit **komme**.*
- Bei Satzfragen (Ja/Nein-Fragen) benutzt man *ob*.
  *Er fragt: „Können Sie die Nachmittagsschicht übernehmen?"*
  *Er fragt, ob ich die Nachmittagsschicht übernehmen kann.*

### 1 Ergänzen Sie die Fragen.

Hat Ist ~~Warum~~ Was Was Wer welche

1. *Warum* stehen die Kisten hier in der Eingangshalle?
2. ........ ist da wohl drin?
3. ........ hat die Kisten denn geliefert?
4. Für ........ Abteilung ist die Ware bestimmt?
5. ........ die Importabteilung das bestellt?
6. ........ diese Ware schon bezahlt worden?
7. ........ sollen wir jetzt damit machen?

### 2 Herr Binder berichtet dem Chef. – Schreiben Sie die Fragen aus 2 als indirekte Fragen.

1. Wir haben uns gefragt, *warum die Kisten hier in der Eingangshalle stehen.*
2. Frau Bellini war neugierig, ........
3. Niemand wusste, ........
4. Wir hatten keine Ahnung, ........
5. Herr Sura hat gefragt, ........
6. Frau Schmidt wollte wissen, ........
7. Wir waren unsicher, ........

Indirekte Fragen wirken in vielen Fällen höflicher als direkte Fragen.
*Haben Sie den Kunden in Malaysia schon angerufen?*
*Können Sie mir bitte sagen, ob Sie den Kunden in Malaysia schon angerufen haben?*

### 3 Schreiben Sie die Fragen höflicher. Benutzen Sie die Satzanfänge im Kasten.

1. Warum ist der Auftrag noch nicht bearbeitet worden?
2. An wen kann ich mich mit dieser Frage wenden?
3. Wo finde ich den zuständigen Mitarbeiter?
4. Ist das die neueste Version des Programms?
5. Kann ich die Reklamation auch telefonisch erledigen?

Können Sie mir bitte sagen, ...
Ich würde gerne wissen, ...
Kann ich Sie fragen, ...
Können Sie mir vielleicht Auskunft darüber geben, ...

*Können Sie mir bitte sagen, warum der Auftrag ...*

## Zweiteilige Konnektoren

C

Zweiteilige Konnektoren verbinden Satzteile oder ganze Sätze.
*Wir kochen heute weder Fisch noch Fleisch. Wir kochen Gemüse.*
*Wir essen heute weder zu Hause noch gehen wir ins Restaurant. Wir machen ein Picknick im Park.*

## 1 Ordnen Sie zu.

1. Ich arbeite zwar gern auch in der Küche, — b
2. Entweder kochen wir den Fisch
3. Wir sind ausgebucht. Leider kann ich Ihnen weder heute
4. Das Praktikum im Restaurant macht ihr nicht nur viel Spaß,
5. Er hat sowohl eine Ausbildung als Koch gemacht

a) als auch lange Zeit im Ausland gearbeitet.
b) aber lieber bediene ich die Gäste.
c) sondern sie lernt auch viel Neues.
d) noch morgen Abend einen Tisch reservieren.
e) oder wir braten ihn.

## 2 Markieren Sie die zweiteiligen Konnektoren in 1 und ergänzen Sie die Übersicht.

1. zwei Sachen treffen zu: nicht nur …, ............ / sowohl … ............
2. eine Alternative ausdrücken: entweder … ............
3. zwei Sachen treffen nicht zu: weder … ............
4. eine Aussage wird eingeschränkt: zwar …, ............

Zwischen *nicht nur …, sondern auch* und *zwar …, aber* steht immer ein Komma.

## 3 Ergänzen Sie die Konnektoren.

1. Für dieses Rezept brauchst du *weder* ............ viele Zutaten ............ viel Zeit.
2. Heute habe ich ............ frisches Gemüse ............ viel Obst auf dem Markt gekauft.
3. Meinem Sohn ging es gestern gar nicht gut. Er hatte Magenschmerzen und wollte ............ etwas essen ............ etwas trinken.
4. ............ wir kochen jetzt ganz schnell etwas ............ wir rufen den Pizzaservice. Ich habe so großen Hunger!
5. Lass uns ins Restaurant gehen! Das ist ............ teuer, ............ ich habe jetzt wirklich keine Lust zu kochen.

## 4 Schreiben Sie die Sätze mit den angegebenen Konnektoren.

1. Als Reiseleiter muss ich pünktlich sein. Ich muss gut organisieren können. (sowohl … als auch)
2. Man muss manchmal viele Überstunden machen. Man kann auch viel Geld verdienen. (zwar …, aber)
3. Ich muss flexibel sein. Ich muss gut mit Menschen umgehen können. (nicht nur …, sondern auch)
4. Ich begleite Reisen ins Ausland. Ich biete Führungen im Inland an. (entweder … oder)
5. Ich beherrsche viele Sprachen. Aber leider spreche ich kein Chinesisch und auch kein Japanisch. (weder … noch)

*1. Als Reiseleiter muss ich sowohl pünktlich sein als auch …*

## Relativsätze (Nominativ, Akkusativ, Dativ)

- Mit einem Relativsatz kann man etwas (eine Person, eine Sache, ein Ereignis, ...) genauer beschreiben.
- Das Relativpronomen entspricht in Numerus (Singular oder Plural) und Genus (maskulin, neutrum oder feminin) dem Bezugswort im Hauptsatz. Der Kasus hängt vom Verb im Relativsatz ab.

  *Carlos ist der Freund, **der** mich gestern angerufen hat. → **Er** hat mich angerufen.*

  *Carlos ist der Freund, **den** ich gestern im Kino getroffen habe. → Ich habe **ihn** getroffen.*

- Das Relativpronomen ist wie der bestimmte Artikel.
  Ausnahme: Dativ Plural = *denen*.

## 1 Informationen für den Pflegedienst – Wer sind die Personen? Geben Sie genauere Informationen. Schreiben Sie Relativsätze.

Er muss nur einmal wöchentlich besucht werden. Sie müssen ihn zum Arzt begleiten.

Sie müssen ihm neue Tabletten mitbringen.

1. Herr Rouland ist der Kunde, ...

..............................................................................................

..............................................................................................

..............................................................................................

Sie sollten sie vor Ihrem Besuch anrufen. Sie müssen ihr beim Anziehen helfen.

Sie hat eine Allergie.

2. Frau Seibert ist die ältere Dame, ...

..............................................................................................

..............................................................................................

..............................................................................................

Es ist seit Wochen mit Magenproblemen im Krankenhaus. Du solltest ihm beim Essen helfen.

Du kannst ihm gerne eine Gute-Nacht-Geschichte vorlesen.

3. Lea ist das Mädchen, ...

..............................................................................................

..............................................................................................

..............................................................................................

Sie haben sich beim Skifahren verletzt. Du solltest sie nicht nach dem Unfall fragen.

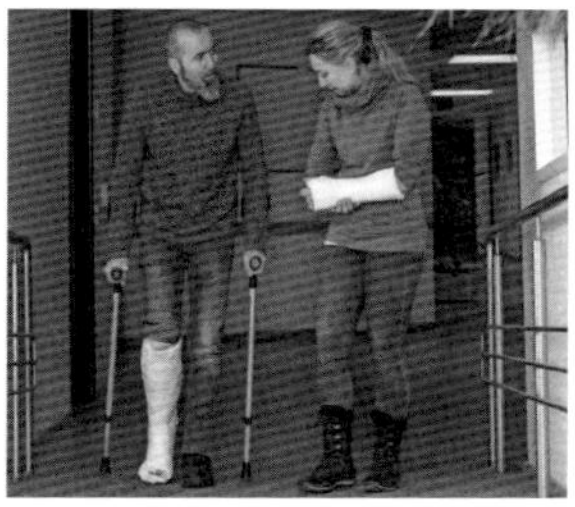

Du musst ihnen die Verbände wechseln.

4. Das sind die Patienten,

..............................................................................................

..............................................................................................

..............................................................................................

## Relativsätze mit Präpositionen und Relativsätze mit *wo*

- Bei Verben mit Präpositionen steht im Relativsatz die Präposition vor dem Relativpronomen.
  *Technik ist ein Bereich, für **den** ich mich sehr interessiere.*
- Wenn *in/an/auf* + Dativ im Relativsatz für einen Ort stehen, kann man sie durch *wo* ersetzen.
  *Die Firma, **in der** ich arbeite, ist ganz modern. → Die Firma, wo ich arbeite, ist ganz modern.*

## 1 Ergänzen Sie in den Sätzen die Präpositionen und Relativpronomen.

auf das  auf die  auf die  bei der  für das  für die  von der  von der

1. Ich habe mich bei der Firma beworben, .......................... .......................... du mir erzählt hattest.
2. Die Stelle, .......................... .......................... ich mich beworben habe, habe ich aber leider nicht bekommen.
3. Das zweite Stellenangebot, .......................... .......................... ich mich sehr interessiert habe, ist in Stuttgart.
4. Die Firma, .......................... .......................... ich mich beworben habe, produziert Scheibenwischer.
5. Das Bewerbungsgespräch, .......................... .......................... ich mich gut vorbereitet hatte, verlief sehr positiv.
6. Die Zusage, .......................... .......................... ich nicht lange warten musste, hat mich sehr gefreut.
7. Die Aufgaben, .......................... .......................... ich in der Firma zuständig sein werde, klingen sehr interessant.
8. Ich glaube, ich habe endlich die Stelle gefunden, .......................... .......................... ich so lange geträumt habe.

## 2 Alex erinnert sich. – Ergänzen Sie die Sätze mit den passenden Präpositionen und Relativpronomen.

1. Ich mag die kleine Stadt, .......................... .......................... ich aufgewachsen bin.
2. Das Haus, .......................... .......................... ich groß geworden bin, steht am Stadtrand.
3. Das alte Kino, .......................... .......................... ich früher oft mit meinen Freunden gegangen bin, existiert leider nicht mehr.
4. Aber die Kneipe, .......................... .......................... wir uns samstags regelmäßig getroffen haben, ist immer noch sehr beliebt.
5. Der See, .......................... .......................... ich früher oft mit dem Fahrrad gefahren bin, wirkt jetzt viel kleiner.
6. Die Bank, .......................... .......................... ich gern gesessen habe, ist inzwischen durch eine neue ersetzt worden.
7. Aber der Platz, .......................... .......................... wir früher Fußball gespielt haben, ist noch genauso wie früher.
8. Und das Eiscafé, .......................... .......................... man das leckerste Eis der Welt kaufen konnte, gibt es glücklicherweise auch noch.

## 3 In welchen Sätzen in 2 kann man Präpositionen und Relativpronomen durch *wo* ersetzen?

Satz *1,* ..........................................................................................................

## Konnektoren: Gründe und „Gegengründe" ausdrücken

- Mit *weil/denn* oder *deshalb/deswegen/darum/daher* kann man sagen, warum etwas geschieht:
  *Er isst kein Fleisch, weil er Vegetarier ist.*
- Mit *obwohl* oder *trotzdem* drückt man aus, dass etwas anders als erwartet ist.
  *Er sagt, dass er Vegetarier ist, trotzdem isst er manchmal Fleisch.*

## 1 Ordnen Sie zu.

1. Giulia mag das italienische Restaurant in ihrem Viertel,
2. Gestern hat sie ihren Freund zum Abendessen dorthin eingeladen,
3. Das Essen schmeckte fantastisch,
4. Giulia spricht sehr gut Deutsch,
5. Sie freute sich darüber,
6. Später wurde es im Restaurant sehr fröhlich,
7. Alle Gäste gratulierten der Frau, die ihren Geburtstag feierte,
8. Giulia und ihr Freund blieben lange im Restaurant,

a) trotzdem sprach der Kellner mit ihr Italienisch.
b) weil ein Geburtstag gefeiert wurde.
c) deshalb geht sie oft dorthin.
d) obwohl sie sie gar nicht kannten.
e) obwohl es gar nicht teuer war.
f) weil die Stimmung sehr gut war.
g) denn er hatte eine Prüfung bestanden.
h) denn sie hat selten die Gelegenheit, Italienisch zu sprechen.

## 2 Markieren Sie in 1 die Verben in a)–h). Welche Konnektoren leiten einen Hauptsatz ein? Welche einen Nebensatz? Was ist das Besondere bei Sätzen mit *denn*?

1. Konnektoren, die auf Position 1 im Hauptsatz stehen: trotzdem ……
2. Konnektoren, die einen Nebensatz einleiten: ……

## 3 Verbinden Sie die Sätze mit *obwohl* und *trotzdem*. Schreiben Sie wie im Beispiel.

1. Die Lieferung kam nicht pünktlich. Das Restaurant hatte rechtzeitig bestellt.
   Die Lieferung kam nicht pünktlich, obwohl das Restaurant rechtzeitig bestellt hatte.
   Das Restaurant hatte rechtzeitig bestellt, trotzdem kam die Lieferung nicht pünktlich.
2. Die gelieferten Tomaten waren nicht reif. Der Koch hatte reife Tomaten bestellt.
   ……
   ……
3. Die Gäste waren zufrieden mit dem Restaurant. Sie mussten lange auf ihr Essen warten.
   ……
   ……

## 4 Schreiben Sie die Sätze.

1. arbeitet / ein Koch / oft unter Stress / , // deshalb / er / belastbar / sein muss /.
2. attraktiv / der Beruf / ist / , // denn / vielseitig und kreativ / er / ist / .
3. das Restaurant / keine Bedienungen / findet / , // obwohl / viele Stellengesuche / es / veröffentlicht hat / .
4. die Kellnerin / einen langen Arbeitstag / hat / , // trotzdem / bleibt / immer freundlich / sie / .
5. der Küchenchef / seine Gäste / begrüßt / , // weil / schätzt / den Kontakt zu den Gästen / er / .

1. Ein Koch arbeitet oft unter Stress, deshalb muss er belastbar sein.

C

### Verben mit Präpositionen und Nebensatz

- Bei Fragen nach Sachen oder Ereignissen verwendet man in der Antwort *da(r)* + Präposition.
  *Freut ihr euch auf den Ausflug am kommenden Wochenende? – Ja, klar freuen wir uns darauf.*
- Das *r* wird ergänzt, wenn die Präposition mit einem Vokal beginnt: *daran, darin, darüber …*
- *da(r)* + Präposition steht außerdem im Hauptsatz, wenn ein *dass*-Satz oder Infinitiv + *zu* folgt.
  *Ich freue mich darauf, dass wir am kommenden Wochenende nach Bremen fahren.*
  *Ich freue mich darauf, am kommenden Wochenende nach Bremen zu fahren.*

## 1 Ergänzen Sie die Sätze.

daran   darum   darauf   dafür   dafür   darauf   darüber   ~~dazu~~

1. Die Parteien haben *dazu* ………… eingeladen, über den Stadtverkehr zu diskutieren.
2. Die Stadtverwaltung arbeitet …………, die Verkehrsprobleme zu lösen.
3. Die Verantwortlichen bereiten sich ………… vor, die Fragen der Anwohner zu beantworten.
4. Sie reagieren …………, dass einige Anwohner sich beschwert haben.
5. Ein Politiker entschuldigt sich …………, dass es beim Bau des Radweges zu Verzögerungen kommt.
6. Die Anwohner denken ………… nach, eine Bürgerinitiative zu gründen.
7. Sie wollen sich ………… kümmern, öffentliche Gelder für ihr Projekt zu bekommen.
8. Sie setzen sich sehr ………… ein, dass ihre Stadt fahrradfreundlicher wird.

## 2 Eriks Praktikum – Schreiben Sie Sätze mit *da(r)* + Präposition und Infinitiv + *zu*.

1. Erik / sich freuen auf /, // bald / ein Praktikum bei der Lokalzeitung / machen / .
   *Erik freut sich darauf, bald ein Praktikum bei der Lokalzeitung zu machen.*
2. Er / sich interessieren für /, // Interviews / führen / .
   …………
3. Er / träumen von /, // über wichtige Neuigkeiten / als Erster / berichten / können / .
   …………
4. er / denken an /, // Konzerte und Theatervorstellungen / als Journalist / besuchen / .
   …………
5. er / hoffen auf /, // mehr über die lokale Wirtschaft / erfahren / .
   …………

## 3 Und das meint Eriks Freundin? – Ergänzen Sie wie im Beispiel.

1. *Sie wundert sich darüber* …………, dass Erik so begeistert ist. (sich wundern über)
2. …………, dass er später eine feste Stelle bekommt. (nicht glauben an)
3. …………, dass er sich vielleicht zu große Illusionen macht. (sprechen über)
4. Aber …………, dass Erik so optimistisch ist. (sich freuen über)

# 13 Medienwelten

*nach 1*

## 1 Ergänzen Sie die Verben in der richtigen Form.

löschen benutzen posten herunterladen öffnen skypen
ausschalten hochfahren schicken erscheinen

Nachdem ich heute Morgen den Computer (1) ............ hatte, stimmte etwas nicht. Auf dem Bildschirm (2) ............ eine Fehlermeldung: „Die Datei kann nicht (3) ............ werden." Ich habe den Computer wieder (4) ............. Jetzt (5) ............ ich eine Anfrage in einem Forum. Dazu (6) ............ ich mein Handy. Gut ist, dass ich mit meinem Handy auch (7) ............ kann. Mein Freund hat mir gleich ein paar Seiten mit Tipps (8) ............. Ich muss nach dem Hochfahren ein paar alte Dateien (9) ............. Und danach (10) ............ ich eine neue Version des Programms aus dem Netz .............

*nach 2*

## 2 Medienverhalten – Entscheiden Sie, welches Wort (a–o) in die Lücken (1–10) passt.

- ● Hi Silke, hast du eine neue Uhr?
- ○ Ja, die habe ich (1) *mir* ............ gestern gekauft. Sieht klasse aus, oder?
- ● Sieht schon gut aus, (2) ............ ich mag ja mechanische Uhren lieber.
- ○ Aber schau mal, was (3) ............ alles kann. Ich kann damit sogar Musik hören ...
- ● Musik höre ich am (4) ............ live.
- ○ ... und ich kann sie benutzen, (5) ............ meinen Puls und den Blutdruck zu messen.
- ● Du bist doch (6) ............ 25. Hast du denn schon Probleme damit?
- ○ Und ich kann damit telefonieren. Mein Handy brauche ich fast gar nicht mehr als Telefon.
- ● Schade, das hast du (7) ............ vor nicht mal einem Monat gekauft.
- ○ Ja, ich benutze es ja auch noch zum Surfen und wenn ich einen Weg finden muss.
- ● Ich finde ja Stadtpläne immer noch ziemlich praktisch, (8) ............ die keinen Strom brauchen.
- ○ Du bist ein hoffnungsloser Fall. Schau, hier gibt es sogar einen Schrittzähler. Das finde ich total super, (9) ............ ich das eigentlich nicht brauche.
- ● Du hast absolut recht. Ohne Schrittzähler kann man heute nicht mehr leben!
- ○ Ich sehe schon, dass ich dich für so etwas nicht begeistern kann.
- ● Da hast du wohl recht, aber schön ist sie, das (10) ............ ich zugeben.

| | | | | |
|---|---|---|---|---|
| a) ABER | d) DOCH | g) MICH | j) MÜSSTE | m) TROTZDEM |
| b) DER | e) ERST | h) MIR | k) OBWOHL | n) UM |
| c) DIE | f) LIEBSTEN | i) MUSS | l) SCHON | o) WEIL |

## 3 Wiederholung: Konnektoren – Schreiben Sie die Sätze.

1. Sie hat sich ein neues Handy gekauft. (obwohl) Ihr altes funktioniert noch.
   *Sie hat sich ein neues Handy gekauft, obwohl ihr altes noch funktioniert.*
2. Sie liebt Technik. (sowohl ... als auch) Sie liebt Mode.
   ..........
3. Sie verdient zurzeit gut. (deshalb) Sie muss nicht sparsam sein.
   ..........
4. Ihr Freund ist ein bisschen neidisch. (weil) Er kann sich nicht so viel leisten.
   ..........
5. Er möchte sie gerne zum Essen einladen. (aber) Er hat nicht genug Geld.
   ..........
6. Er ist selbstständig. (seitdem) Seine alte Firma ist pleite gegangen.
   ..........
7. Er schreibt jetzt Sicherheitssoftware. (nicht nur ... sondern ... auch) Er gibt Seminare.
   ..........
8. Er bekommt immer mehr Kunden. (daher) Er hofft, bald wieder gut zu verdienen.
   ..........
9. Die beiden haben keinen Urlaub gemacht. (seitdem) Er hat sich selbstständig gemacht.
   ..........
10. Im nächsten Jahr wollen sie wegfahren. (wenn) Sein Geschäft läuft gut.
   ..........

## 4 Schreiben Sie Sätze mit *je ... umso/desto* wie im Beispiel.

| | | |
|---|---|---|
| freundlich sein<br>Kunden gut beraten<br>sich häufig fortbilden<br>gute Produkte haben<br>trainieren<br>im Internet surfen<br>sich gut informieren<br>viel arbeiten<br>viele Fragen stellen | je ... umso<br>je ... desto | viele Kunden gewinnen<br>fit sein<br>flüssig sprechen<br>freundlich behandelt werden<br>gute Chancen auf dem Arbeitsmarkt haben<br>wenig Zeit für Freunde haben<br>intelligente Entscheidung treffen<br>erfolgreich sein<br>Texte gut verstehen |

*Je freundlicher man ist, desto freundlicher wird man behandelt.*

*nach 3*

## 5 Grafiken beschreiben – Ergänzen Sie die Angaben.

die Hälfte   mehr als die Hälfte   drei Viertel   95 %   knapp drei Viertel

alle   ein Viertel   ~~10 %~~   ungefähr zwei Drittel   etwas mehr als ein Drittel

1. *10 %* ............ 2. ............ 3. ............ 4. ............ 5. ............

6. ............ 7. ............ 8. ............ 9. ............ 10. ............

*nach 3*

## 6 Eine Reklamation beantworten

**a Ergänzen Sie den Text.**

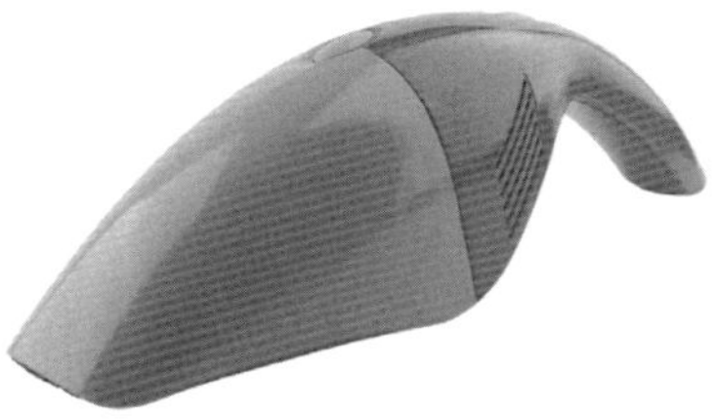

Sehr gee_____ Frau Solger,

vielen Da___ für I___ Schreiben v___ 8. März. Entschuldigen S___, dass d___ Antwort et____ gedauert h___. Ihr Schrei____ blieb we____ Urlaub u___ Krankheit ein____ Tage lie____.
Leider si___ wir d___ falsche Ansprechp________. Sie ha____ den Staubsau____ ja ni____ bei u___, sondern b___ der Fi____ Brunner gek_____. Aus rechtlichen Grün____ müs____ Sie das Gerät üb___ den Verk______ an u___ zurückschicken. W___ werden da___ prüfen, ob w___ das Ge____ reparieren kön____. Sollte d___ nicht d___ Fall se___, bekommen S___ von u___ Ersatz. Ich möc____ mich no___ einmal f___ die entsta________ Unannehmlichkeiten entsch_________ und ho____, dass w___ das Pro_____ so schn____ wie mög_____ aus d___ Welt schaffen können.

M___ freundlichen Grü____

Peter Posch

**b Ergänzen Sie die Sätze.**

beheben   brauche   dauert   umzutauschen   zurücksenden

1. Ich möchte das Gerät an Sie ............................................................ .
2. Ich hoffe, dass Sie den Fehler schnell ............................................................ können.
3. Andernfalls bitte ich Sie, das Gerät ............................................................ .
4. Wie lange ............................................................ die Reparatur normalerweise?
5. Ich ............................................................ das Gerät so schnell wie möglich wieder.

## 7 Nomen-Verb-Verbindungen

**a Welches Verb passt? Markieren Sie.**

1. aus den Augen verlieren / kommen
2. Bezug treffen / nehmen
3. ein Gespräch führen / leisten
4. eine Entscheidung treten / treffen
5. eine Verabredung treffen / verlieren
6. in Betracht machen / ziehen
7. in Betrieb kommen / nehmen
8. in Anspruch geben / nehmen
9. in Erfahrung bringen / geben
10. in Kontakt finden / treten
11. in Streik treten / ziehen
12. ins Geschäft setzen / kommen
13. Lösungen finden / fällen
14. Rückmeldung machen / geben
15. sich in Verbindung setzen / nehmen
16. Widerstand stehen / leisten

**b Ergänzen Sie die Sätze mit Nomen-Verb-Verbindungen aus 7a in der richtigen Form. Manchmal gibt es mehrere Möglichkeiten.**

1. Wir würden gerne mit Ihnen *ins Geschäft kommen*, deshalb mache ich Ihnen ein günstiges Angebot.
2. Sie müssen beim Einkauf auch ………, wie das Serviceangebot ist.
3. Da wir die Maschine nächste Woche ……… wollen, müssen bis dahin alle Arbeiten beendet sein.
4. Ich möchte gern mit Ihnen schriftlich ……… . Würden Sie mir Ihre E-Mail Adresse geben?
5. Bis morgen müssen wir ………, ob wir die Software kaufen.
6. Bei allen Problemen dürfen wir unser Ziel nicht ……… .
7. Ich ……… mich morgen mit Frau Mautz telefonisch ……… .
8. Wir müssen bis Freitag ……… darüber ………, was unsere weiteren Pläne sind.
9. Da es das gleiche Gerät nicht mehr gibt, ……… Sie ……… mit mir doch bitte kurz ………, ob wir Ihnen auch das Nachfolgemodell ohne Mehrkosten zusenden dürfen.
10. Da unsere Mitarbeiter/innen ab morgen ………, wird sich die Reparatur um ein paar Tage verzögern.

*nach 5*

## 8 Komposita – Was passt zusammen?

~~die Job~~ die Initiativ- der Personal- das Business- das Such- der Head- das Stellen- der Insider- der Traum-

angebot bedarf Bewerbung ergebnis hunter job ~~suche~~ Netzwerk Tipp

*die Jobsuche*

# Ihr Wortschatz

## Nomen

die Abholung, -en
der Aufwand *(Sg.)*
der/die Befragte, -n
das Drittel, –
die Gemeinsamkeit, -en
die Hälfte, -n
die Initiativ-Bewerbung, -en
der Kostenvoranschlag, ¨-e
das Netzwerk, -e die
Überwindung *(Sg.)*
die Umfrage, -n
die Umsetzung, -en
der Umtausch *(Sg.)*
die Untersuchung, -en
der Versandhandel *(Sg.)*
die Voraussetzung, -en

## Verben

bestätigen
benachrichtigen
sich blamieren
deuten
durchhalten
hochfahren
kommunizieren (mit + D.)
optimieren
posten
sich rechtfertigen
schwerfallen/leichtfallen
stammen (aus/von + D.)
twittern
überprüfen
übertragen
vermischen
vernetzen
veröffentlichen
verzichten (auf + A.)
vibrieren
zugehen (auf + A.)
zurückkehren

## Adjektive

bewusst
defekt
digital
einwandfrei
festangestellt
gezielt
umgehend
vertraut (mit + D.)

## Andere Wörter und Ausdrücke

andernfalls
auf etwas Bezug nehmen
in Betracht ziehen
je … desto/umso …
mithilfe
sich in Verbindung setzen (mit + D.)
zur Verfügung stellen/stehen

## 9 Ergänzen Sie Nomen aus „Ihr Wortschatz“.

1. Mit einer .................................... kannst du dich in einer Firma vorstellen.
2. Die .................................... für eine gute Bewerbung ist, dass du dich über die Firma informierst.
3. Ihr .................................... ist leider viel zu hoch. Wir haben uns deshalb für einen anderen Anbieter entschieden.
4. Da der .................................... für eine Reparatur zu groß wäre, ersetzen wir Ihnen das Gerät.
5. Soziale .................................... (Pl.) können bei Bewerbungen hilfreich sein.
6. Waren im Sonderangebot sind vom .................................... ausgeschlossen.

## 10 Ergänzen Sie Verben aus „Ihr Wortschatz“ in der angegebenen Form.

1. Wir .................................... Ihnen hiermit den Eingang der Reklamation. *(Präsens.)*
2. Ich .................................... meine Kritik auch auf der Website .................................... . *(Perfekt)*
3. Wir müssen unsere interne Kommunikation unbedingt .................................... . *(Präsens)*
4. Mein Handy .................................... weder geläutet noch .................................... *(Perfekt)*
5. Bitte .................................... Sie den Kunden, dass sein Gerät repariert wird. *(Präsens)*
6. Wir .................................... jetzt alle Filialen mithilfe des Intranets .................................... , sodass sie direkt miteinander kommunizieren können *(Perfekt)*

## 11 Für Ihren Alltag – Schreiben Sie in Ihrer Sprache.

Je weniger ich telefoniere, desto mehr Zeit habe ich. ....................................

Die Grafik stammt aus dem Jahr 2018. Sie zeigt … ....................................

Ungefähr ein Drittel / die Hälfte / 90 Prozent … ....................................

Auffallend ist, dass … ....................................

Ich nehme Bezug auf unser Gespräch von gestern … ....................................

Wir bitten die Unannehmlichkeiten zu entschuldigen. ....................................

Ich bin der Auffassung, dass … ....................................

Ich sehe die Gefahr, dass … ....................................

## 12 Ihre Wörter und Sätze – Schreiben Sie.

| Ihre Sprache: | Deutsch: |
|---|---|
| .................................... | .................................... |
| .................................... | .................................... |
| .................................... | .................................... |
| .................................... | .................................... |

## 13 Ihr Text – Wofür benutzten Sie Ihr Handy dauernd/manchmal/selten/nie?

**Schreiben Sie in Ihr Heft.**

*Am häufigsten benutze ich mein Handy zum Telefonieren. Darüber hinaus …*

# 14 Global arbeiten – global leben

*nach 1*

## 1 Aspekte der Globalisierung

**a Schreiben Sie die Wörter richtig und ergänzen Sie die Artikel.**

1. Bnihuezeg *die Beziehung*
2. Kifonlkt ..........
3. Kerig ..........
4. Valieflt ..........
5. Iiändttet ..........
6. Arumt ..........
7. Klamiwenadl ..........
8. Värsdengitung ..........
9. Auuctsash ..........
10. Trnunneg ..........
11. Imorpt ..........
12. Rsasumsis ..........
13. Riisko ..........
14. Triditaon ..........
15. Kutulr ..........
16. Hedanl ..........

**b Welche Wörter aus 1a bedeuten (ungefähr) das Gegenteil der folgenden Wörter? Ordnen Sie zu.**

1. die Chance *das Risiko*
2. der Reichtum ..........
3. der Export ..........
4. das Zusammensein ..........
5. die Natur ..........
6. der Frieden ..........

**c Ergänzen Sie die passenden Wörter aus 1a in der richtigen Form.**

1. Um eine gute .......... zu einer Person aufzubauen, braucht man viel Kontakt.
2. Dabei ist es wichtig, dass ein intensiver .......... stattfindet.
3. Die Globalisierung bringt .........., aber auch Chancen mit sich.
4. Für Kinder von Migranten stellt sich oft die Frage nach der kulturellen ...........
5. Sie wissen manchmal nicht, zu welcher .......... sie gehören.
6. Durch den globalen .......... werden Waren um die ganze Welt transportiert.
7. Der .......... ist ein großes ökologisches Problem.

*nach 2*

## 2 Wiederholung: Konnektoren

**a Schreiben Sie die Konnektoren in die Tabelle.**

trotzdem obwohl deswegen dass darum wenn solange damit seit als weil

| *Hauptsatz + Konnektor + Hauptsatz (Konnektor = Position 1)* | *Hauptsatz + Konnektor + Nebensatz* |
|---|---|
| *trotzdem* | *obwohl* |

**b Schreiben Sie die Sätze und markieren Sie die Verben wie im Beispiel.**

1. Ich habe mich schnell eingelebt, weil / hier / alle / sehr nett / sein / .
   weil hier alle sehr nett (sind).
2. Ich habe einen guten Kontakt zu den Kolleginnen und Kollegen, deswegen / ich / mich / wohlfühlen / .
   ..................
3. Ich lebe gerne in Deutschland, obwohl / das Essen / mir / hier / schmecken / nicht sehr gut / .
   ..................
4. Jetzt bin ich schon über drei Jahre hier, trotzdem / oft / ich / haben / Sehnsucht / nach meiner Heimat / .
   ..................
5. In der Firma engagiere ich mich sehr, damit / ich / Karriere / schnell / machen / .
   ..................
6. Wir haben unser erstes Kind bekommen, darum / wir / eine größere Wohnung / brauchen / .
   ..................

## 3 Die Konnektoren *folglich, infolgedessen, deshalb* und *sodass*

**a Ergänzen Sie *folglich, infolgedessen, deshalb* und *sodass* in den Sätzen.**

**1. Hauptsatz + Konnektor + Hauptsatz (Konnektor = Position 1)**
Ich habe viele Informationen bekommen,
.................. / .................. / .................. (weiß) ich Bescheid.
Verb auf Position 2

**2. Hauptsatz + Konnektor + Nebensatz**
Ich habe viele Informationen bekommen,
.................. ich Bescheid (weiß).
Verb am Ende

**b Verbinden Sie die Sätze mit *folglich, infolgedessen, deshalb* oder *sodass*. Verwenden Sie jeden Konnektor einmal.**

1. Deutschland braucht Fachkräfte. Es ist nötig, Nachwuchs auszubilden.
   Deutschland braucht Fachkräfte, folglich ist es nötig, Nachwuchs auszubilden.
2. Vielen Betrieben fehlt Personal. Sie müssen sich intensiv um Azubis bemühen.
   ..................
3. Die erste Zeit im Ausland stellt eine besondere Herausforderung dar. Man ist dankbar für Unterstützung.
   ..................
4. Ein duales Studium ist sehr intensiv. Man hat wenig Freizeit.
   ..................
5. Aber der Vorteil ist: Man wird gleichzeitig praktisch und theoretisch ausgebildet. Man hat gute Chancen, schnell eine feste Stelle zu finden.
   ..................
   ..................

*nach 4*

## 4 Ein Missverständnis im Betrieb – Ergänzen Sie die E-Mail.

Sehr geeh_____ Herr Kleinert,

Ihrer Ma___ entnehme i___, dass ab sof____ Herr Jurecek für d___ Werbeflyer uns_____ Firma zustä_____ ist. I___ bin et____ verärgert üb___ diese Infor________. In uns_____ letzten Gesp_____ hatte i___ den Eind_____, dass i___ mich w___ bisher um d___ Werbung küm_____ soll. Des_____ möchte i___ Sie um ei____ Termin bit____, damit w___ das sch_____ klären kön____.

Mit freund________ Grüßen

Tanja Plöger

## 5 Nomen, Adjektive und Verben mit Präpositionen

**a Wiederholung: Verben mit Präpositionen – Ergänzen Sie die Präpositionen *an, auf, bei, für, in, über, um, von* oder *zu*. Manchmal gibt es mehrere Möglichkeiten.**

Nach meinem Schulabschluss in Spanien war ich zuerst fest (1) ………… einem Studium entschlossen. Aber dann habe ich mit verschiedenen Leuten (2) ………… dieses Thema diskutiert. Schließlich war ich sehr überzeugt (3) ………… der Idee, zuerst praktische Erfahrungen zu sammeln. Deshalb habe ich mich (4) ………… einer deutschen Firma (5) ………… einen Praktikumsplatz beworben. Diese Hamburger Firma ist (6) ………… den Import und Export von Parfüm spezialisiert. (7) ………… diese Branche interessiere ich mich sehr. Ich habe lange (8) ………… die Zusage gewartet. Nachdem ich sie bekommen hatte, habe ich mich intensiv (9) ………… meinen Aufenthalt in Deutschland vorbereitet. In Hamburg musste ich mich zunächst (10) ………… die andere Kultur gewöhnen. Nachdem ich mich auch (11) ………… der Firma eingelebt hatte, konnte ich selbstständig kleine Projekte übernehmen. Das habe ich stolz meinen Verwandten in Spanien geschrieben, die (12) ………… dem Sinn meines Praktikums gezweifelt hatten. Wichtig für mich ist auch, dass ich eine Vergütung bekomme, sodass ich finanziell nicht abhängig (13) ………… meinen Eltern bin.

**b Ergänzen Sie die passenden Ausdrücke mit Präpositionen in der richtigen Form.**

sich freuen über | zuständig für | Gespräch über | ärgerlich über | informieren über | sich bedanken für | sich vorbereiten auf

Gestern hatte ich mit dem Chef ein (1) ………………………… ………………… meine Zukunft im Team. Zuerst hat er (2) ………………………… ………………… mein Engagement …………………………. (3) Dar………………… habe ich ………………… sehr …………………………. Dann hat er mich (4) ………………… meine Aufgaben in dem neuen Projekt …………………………. Ich bin ab jetzt (5) ………………… die Kundenkommunikation …………………………. Um (6) ………………… ………………… diese Aufgabe …………………………, möchte ich noch einen Sprachkurs machen. Hoffentlich ist in meinem Team niemand (7) ………………………… ………………… die neue Aufgabenverteilung.

*nach 5*

## 6 Globalisierung und Beziehungen – Welche Ausdrücke haben eine ähnliche Bedeutung? Ordnen Sie zu.

1. Kontakt halten
2. Schätzungen gehen davon aus
3. ein Kernproblem liegt darin
4. viel Zeit und Kraft investieren
5. aus der Fernbeziehung etwas Positives ziehen
6. sich gegenseitig anregen
7. die Integration erschweren
8. etwas wird zu einer festen Größe
9. finanziell von jemandem abhängig sein
10. Zeiten der räumlichen Trennung

a) es wird angenommen
b) Phasen, in denen man nicht am selben Ort ist
c) in Verbindung bleiben
d) etwas kommt immer öfter vor
e) sich intensiv bemühen
f) Geld von einer anderen Person brauchen
g) das Einleben komplizierter machen
h) einander neue Ideen geben
i) eine große Schwierigkeit ist
j) auch gute Seiten an der Partnerschaft über eine räumliche Distanz sehen

## 7 In dem Leserbrief sind zehn Fehler: vier Präpositionen sind falsch, es gibt drei Rechtschreibfehler, dreimal stimmt die Wortstellung nicht. Markieren und korrigieren Sie.

Sehr geehrte Damen und Herren,

mit

~~bei~~ großem Interesse habe ich Ihren Artikel zum Thema „Zerstört die Globalisierung unsere Beziehungen?“ gelesen. Bei uns in Rumänien führen viele Pare Fernbeziehungen, weil ein Partner nach Deutschland arbeitet. Sie recht haben, wenn Sie schreiben, dass Partnerschaften auf Distanz Nachteile haben, weil man sich selten sieht. Ich selbst habe das Glück, mit meinem Mann, einem Deutschen, zu meinem Heimatland Rumänien leben zu können, weil er hier arbeiten kann.

Übrigens ich persönlich finde, dass die Vorteile kulturell gemischter Beziehungen überwiegen – man lebt in zwei Kulturen und kann jeweils das Beste davon genießen. Man kann auserdem immer günstig bei Verwandten im Heimatland des Partners Urlaub machen.

Allerdings müssen die Partner einiges dafür tun, das so eine Beziehung gut glückt. Zu meiner Ehe habe ich gelernt, dass es wichtig ist, einander gut zuzuhören. Und vielleicht noch wichtiger ist es, Probleme immer gleich anzusprechen.

Abschließend kann ich nur sagen, dass ich bin in meiner interkulturellen Ehe sehr glücklich.

Mit freundlichen Grüßen

Cosmina Faida-Degenhardt

# Ihr Wortschatz

## Nomen

die Anstrengung, -en ..........
die Arbeitsbedingungen *(Pl.)* ..........
der Austausch *(Sg.)* ..........
der Betriebsrat, ¨-e ..........
die Bürokratie, -n ..........
das Detail, -s ..........
die Effizienz *(Sg.)* ..........
der Frieden *(Sg.)* ..........
die Gewerkschaft, -en ..........
die Hautfarbe, -n ..........
die Identität, -en ..........
die Kapazität, -en ..........
der Klimawandel *(Sg.)* ..........
die Körpersprache, -n ..........
die Koordination *(Sg.)* ..........
der Krieg, -e ..........
das Material, -ien ..........
das Menschenrecht, -e ..........
der Mentor, -en ..........
die Mentorin, -nen ..........
die Migration *(Sg.)* ..........
das Mobbing *(Sg.)* ..........
das Phänomen, -e ..........
das Potenzial, -e ..........
der Prozess, -e ..........
der Rassismus *(Sg.)* ..........
das Risiko, Risiken ..........
die Schätzung, -en ..........
die Sprachbarriere, -n ..........
die Stellungnahme, -n ..........
die Tradition, -en ..........
die Trennung, -en ..........
der Unfallschutz *(Sg.)* ..........
der Verbesserungsvorschlag, ¨-e ..........
die Vernetzung, -en ..........
die Verständigung *(Sg.)* ..........
das Zeitalter, – ..........
die Zerstörung, -en ..........

## Verben

anregen ..........
genehmigen ..........
improvisieren ..........
investieren ..........
leiden (unter + D.) ..........
(sich) scheuen ..........
untersagen ..........
vergüten ..........

## Adjektive

ärgerlich ..........
ausdrücklich ..........
belastend ..........
dominant ..........
eilig ..........
erstaunt ..........
finanziell ..........
professionell/unprofessionell ..........

## Andere Wörter und Ausdrücke

folglich ..........
infolgedessen ..........
sodass ..........
zur Verfügung stehen ..........

## 8 Wortfamilien – Ergänzen Sie die passenden Wörter.

| Nomen | Adjektive | Verb |
|---|---|---|
| 1. ........................ | verständlich | sich verständigen |
| 2. die Belastung | ........................ | ........................ |
| 3. ........................ | zerstörerisch | ........................ |
| 4. ........................ | riskant | ........................ |
| 5. ........................ | improvisiert | ........................ |
| 6. ........................ | ........................ | sich ärgern |
| 7. ........................ | scheu | ........................ |

## 9 Ergänzen Sie passende Wörter aus der Tabelle in 8 in der passenden Form.

1. Dass man am ersten Arbeitstag nervös ist, ist ........................ . Man sollte sich trotzdem nicht ........................, zu fragen, wenn man bei etwas unsicher ist.
2. Es ist ........................, Unbekannten Geld zu leihen.
3. Ein falsches Foto auf Facebook kann eine ganze Karriere ........................ .
4. Mein Chef sagt: „Deutsche planen immer alles, während man anderswo mehr ........................ ." Ich finde solche kulturellen Vorurteile ........................ .

## 10 Für Ihren Alltag – Schreiben Sie in Ihrer Sprache.

Mein erster Eindruck war, dass... ........................

Ich musste mich erst daran gewöhnen, dass ... ........................

Womit ich gar nicht zurechtkomme, ist, dass ... ........................

Tut mir leid, das habe ich übersehen. ........................

Das kommt nicht wieder vor. ........................

Ich bin der Überzeugung, dass ... ........................

Da muss ich widersprechen. ........................

## 11 Ihre Wörter und Sätze – Schreiben Sie.

| Ihre Sprache: | Deutsch: |
|---|---|
| ........................ | ........................ |
| ........................ | ........................ |
| ........................ | ........................ |
| ........................ | ........................ |

## 12 Ihr Text – Interkulturelle Beziehungen: Welche Erfahrungen haben Sie damit? Welche Vor- und Nachteile sehen Sie? Schreiben Sie in Ihr Heft.

*Meine Schwester ist mit einem Deutschen verheiratet. Am Anfang ...*

# 15 Mit Herz und Verstand

*nach 1*

**1 Familienwörter – Suchen Sie die Wörter in der Wortschlange und ergänzen Sie dann die Sätze.**

AFFÄRE|BRAUTBRÄUTIGAMEIFERSUCHTBEZIEHUNGKONFLIKTPATCHWORKFAMILIE

SCHEIDUNGHOCHZEITTRAUERTRENNUNGVERTRAUENWOCHENENDBEZIEHUNG

1. Die wichtigsten Personen bei einer Hochzeit sind die .................... und der .................... .
2. Rudi wohnt und arbeitet die ganze Woche in Dresden, seine Lebenspartnerin wohnt in Berlin. Sie führen eine .................... .
3. Zwei Frauen bzw. zwei Männer, die eine gleichgeschlechtliche .................... haben, können in Deutschland auch heiraten.
4. Zwei Jahre nach ihrer .................... von Siri will Bea auch ganz offiziell die ...................., weil sie wieder heiraten möchte.
5. Luisa und Rico haben beide zwei Kinder mit in ihre Ehe gebracht. Alle zusammen sind jetzt eine .................... .
6. Pia hatte eine .................... mit einem Arbeitskollegen, deshalb hat sich ihr Mann von ihr getrennt.
7. In jeder Beziehung gibt es mal einen ...................., den man gemeinsam lösen kann, wenn die Partner .................... zueinander haben.
8. .................... ist eine starke Leidenschaft. Sie kann jede Beziehung zerstören, wenn die Partner einander nicht vertrauen.
9. Ludwig und Inge feiern nach 25 Jahren Ehe im Sommer ihre silberne .................... .
10. Die .................... um eine verstorbene Person, die man geliebt hat, gehört zum Leben.

*nach 2*

## 2 Ein Konfliktgespräch – Ergänzen Sie.

wäre es keine schlechte Idee, ~~Aber es ist ein Problem~~ Ja, du hast ja recht. Erinnerst du dich noch Ja, klar, mach das! Na gut, wenn es sein muss. Und dann könnten Und was hältst du davon,

● ... (1) *Aber es ist ein Problem*, dass die Küche immer furchtbar aussieht, wenn du gekocht hast.

○ (2) ........ Also, ich versuche, beim Kochen gleich immer schon was aufzuräumen. (3) ........ wenn wir uns in Zukunft einmal pro Woche etwas zu essen liefern lassen?

● Ja, gut, das können wir gerne machen. Und vielleicht (4) ........ wenn wir uns ab und zu mal im Haushalt helfen lassen. Meine Mutter macht das doch gerne.

○ (5) ........ Aber wenn deine Mutter hier ist, muss ich nicht die ganze Zeit dabei sein. Dann gehe ich in der Zeit ins Fitnessstudio.

● (6) ........ Du, und vielleicht können meine Eltern sogar im Februar Lina eine Woche ganz nehmen, sie ist doch jetzt schon groß genug. (7) ........ wir zusammen endlich mal wieder Skifahren gehen.

○ Au ja! (8) ........ an unseren ersten Skiurlaub, als wir frisch verliebt waren?

● Ja, das war super! Auf Skifahren habe ich wirklich mal wieder Lust!

*nach 3*

## 3 Wiederholung: *einander* – Schreiben Sie die Sätze mit passenden Formen von *einander*.

aufeinander füreinander voneinander zueinander miteinander nacheinander gegeneinander voreinander ineinander

1. So geht das nicht weiter! Wir müssen unbedingt ........ reden.
2. Wenn wir weiter zusammenleben wollen, brauchen wir mehr Vertrauen ........ .
3. Wir sollten möglichst wenige Geheimnisse ........ haben.
4. Kinder können so viel ........ lernen, wenn sie gemeinsam spielen. Aber unsere Kinder kämpfen leider mehr ........ als zusammen zu spielen.
5. In unserer Familie sind alle ........ da und helfen sich. Das finde ich sehr schön.
6. Willi ist traurig, denn er hat kurz ........ seine Eltern und seine Frau verloren. Er und seine Frau waren noch am Ende ........ verliebt.
7. Beim Klettern in der Gruppe lernt man ........ aufzupassen.

*nach 4*

## 4 Bedingungen ausdrücken – Schreiben Sie die Sätze wie im Beispiel.

1. unsere Tochter / eine gute Schülerin sein – wir / nicht so viel um die Schule / kümmern müssen
2. Regula / sich fortbilden – sie / interessantere Aufgaben / bekommen
3. du / mir helfen – wir / schneller fertig werden
4. mein Chef / mich dauernd kritisieren – ich / kündigen
5. die Firma / mich nehmen – ich / total glücklich sein
6. seine Frau / viel Geld verdienen – er / sich selbstständig machen können
7. ihr Mann / sie unterstützen – Antonia / Karriere machen können
8. unsere Beziehung / gut funktionieren – wir / alle Probleme gemeinsam lösen

*Reale Bedingung (Gegenwart):*
*Wenn unsere Tochter eine gute Schülerin wäre, müssten wir uns nicht so viel um die Schule kümmern.*
*Irreale Bedingung (Vergangenheit):*
*Wenn unsere Tochter eine gute Schülerin gewesen wäre, hätten wir uns nicht so viel um die Schule kümmern müssen.*

*nach 6*

## 5 Wiederholung: Relativsätze

**a Nominativ – Schreiben Sie die Sätze.**

1. das Buch / es liegt auf dem Tisch / habe ich auch gelesen
   *Das Buch, das auf dem Tisch liegt, habe ich auch gelesen.*
2. die Frau / sie ist auf dem Foto / ist meine Schwester
   ..................................................
3. der Mann / er hat mich gerade angerufen / will sich mit mir treffen
   ..................................................
4. die Bilder / sie hängen in ihrer Wohnung / finde ich furchtbar hässlich
   ..................................................

**b Akkusativ – Schreiben Sie die Sätze.**

1. das Kind / du siehst es auf dem Foto / bin ich
   ..................................................
2. die Liebesbriefe / ich habe sie weggeworfen / waren von meiner Ex-Freundin
   ..................................................
3. der Krimi / ich will ihn mir im Fernsehen ansehen / soll sehr spannend sein
   ..................................................
4. die Familie / wir haben sie im Urlaub kennengelernt / wird uns im Juni besuchen.
   ..................................................

**c Mit Präpositionen – Überlegen Sie zuerst: Welcher Kasus steht nach der Präposition? Ergänzen Sie dann die Relativpronomen.**

das dem dem den der der die die

1. Die Themen, über .................................... meine Freundin und ich streiten, sind oft banal.
2. Die Paarberatung, zu .................................... wir gegangen sind, hat uns sehr geholfen.
3. Der Psychologe, mit .................................... wir gearbeitet haben, war sehr professionell.
4. Die Krisen, durch .................................... wir in unserem Leben gegangen sind, haben uns stärker gemacht.
5. Das Prinzip, durch .................................... wir uns leiten lassen, heißt Toleranz.
6. Der einzige Mensch, auf .................................... ich mich verlassen kann, ist meine Partnerin.
7. Das Kind, von .................................... ich dir erzählt habe, lebt inzwischen bei seinem Vater.
8. Ich möchte gerne die Frau wiedersehen, mit .................................... ich am Samstag im Club getanzt habe.

## 6 Relativsätze im Genitiv – Schreiben Sie die Sätze.

1. Meine Freundin / ich habe dir von ihren Reisen erzählt / will nach Bali auswandern (von deren)
2. Mein Onkel / seine Frau macht Karriere / ist sehr glücklich als Hausmann (dessen)
3. Das Problem / seine Lösung ist nicht in Sicht / macht mich krank (dessen)
4. Meine Freundin / wir haben über ihren Mann gesprochen / hat sich scheiden lassen (über deren)
5. Unsere Wochenendbeziehung / das Scheitern war vorprogrammiert / ist jetzt vorbei (deren)
6. Mein Chef / sein Führungsstil war unmöglich / ist entlassen worden (dessen)
7. Das Theaterstück / ich kenne den Autor / wird im Stadttheater aufgeführt (dessen)
8. Unsere Eltern / wir kümmern uns jetzt um ihren Garten / haben uns früher auch viel geholfen (um deren)

*1. Meine Freundin, von deren Reisen ich dir erzählt habe, will nach Bali auswandern.*

## 7 Schreiben Sie die Sätze für sich selbst zu Ende. Die Ausdrücke unten helfen.

Ich wünsche mir einen Partner, der / den / dem / mit dem / auf den / dessen ...

Ich wünsche mir eine Partnerin, die / die / der / mit der / auf die / deren ...

fleißig liebevoll großzügig ehrgeizig sportlich attraktiv zärtlich

viel zusammen machen vertrauen können Kinder großziehen etwas aufbauen ...

# Ihr Wortschatz

## Nomen

die Abschlussnote, -n ..........
das Adoptivkind, -er ..........
der Anlass, ¨-e ..........
die Belastungsprobe, -n ..........
die Direktheit *(Sg.)* ..........
der Druck *(Sg.)* ..........
die Eifersucht *(Sg.)* ..........
das Ereignis, -se ..........
der Faktor, -en ..........
das Großraumbüro, -s ..........
der Kompromiss, -e ..........
der Konflikt, -e ..........
der Meinungsunterschied, -e ..........
die Patchworkfamilie, -n ..........
der Respekt *(Sg.)* ..........
die Rückfrage, -n ..........
die Scheidung, -en ..........
der Schichtplan, ¨-e ..........
die Trendwende, -n ..........
die Verlobung, -en ..........
die Wirkung, -en ..........
die Zärtlichkeit, -en ..........

## Verben

anhängen ..........
ankündigen ..........
ausreden (lassen) ..........
austragen ..........
beruhigen ..........
beschäftigen ..........
aushandeln ..........
jemanden einschalten ..........
nachvollziehen ..........
sich qualifizieren (für + A.) ..........
übernehmen ..........
verschaffen ..........
verteidigen ..........
vertrauen ..........
(sich) versöhnen ..........
vervollständigen ..........
(sich) verwirklichen ..........
wagen ..........

## Adjektive

bewusst/unbewusst ..........
extrem ..........
gegenseitig ..........
gelassen ..........
gleichaltrig ..........
gleichgeschlechtlich ..........
nachtragend ..........

## Andere Wörter und Ausdrücke

bei Bedarf ..........
in einer Krise stecken ..........
jemandem blind vertrauen ..........
jemandem etwas in die Schuhe schieben ..........
mittlerweile ..........
tagsüber/nachts ..........

**8 Welche Nomen aus „Ihr Wortschatz“ passen zu dieser Szene?**

**9 Welcher Ausdruck passt nicht zum Verb? Streichen Sie ihn durch.**

1. den eigenen Standpunkt • eine Angeklagte • die Rückfragen • sich selbst — verteidigen
2. dem Konflikt • der Partnerin • dem Chef • dem Wetter — vertrauen
3. Zeitungen • Wirkungen • Meinungsverschiedenheiten • einen Konflikt — austragen
4. ein Ereignis • eine Verlobung • die Eifersucht • eine Beförderung — ankündigen
5. die Zärtlichkeit • ein Kind • eine Kollegin • sich selbst — beruhigen
6. den Stecker in die Steckdose • jemandem etwas in die Schuhe • in einer Krise • etwas in die Tasche — stecken

**10 Für Ihren Alltag – Schreiben Sie in Ihrer Sprache.**

Ich dachte, dir ist es wichtig, dass ... ..........

Ich ärgere mich darüber, dass ... ..........

Mich stört es, wenn ... ..........

Das sehe ich ein bisschen anders. ..........

Ich habe den Eindruck, dass ... ..........

Was halten Sie davon, wenn ... ..........

Wie wäre es, wenn ...? ..........

Von mir aus gerne. ..........

Sie können sich jederzeit gerne an mich wenden. ..........

Sie erreichen mich werktags von ... bis ... ..........

**11 Ihre Wörter und Sätze – Schreiben Sie.**

| Ihre Sprache: | Deutsch: |
|---|---|
| .......... | .......... |
| .......... | .......... |
| .......... | .......... |
| .......... | .......... |

**12 Ihr Text – Worüber gibt es in Ihrer Umgebung häufig Streit? Wie werden die Konflikte gelöst? Welche Kompromisse gibt es? Wie könnte man einige Konflikte vermeiden?**

**Schreiben Sie in Ihr Heft.**

*Ein häufiger Grund für Streit ist in meiner Familie ...*

# 16 Lebenslang lernen

*nach 1*

## 1 Wiederholung: Wie heißen die Wörter?

1. Ort, an dem Kinder lernen und spielen, bevor sie zur Schule gehen: K_ _ _ _ _ _ _ _ _ _ _ _
2. In Deutschland ist das die erste Schule für Kinder: G_ _ _ _ _ _ _ _ _ _ _
3. Universitätsabschluss, den man nach dem „Bachelor“ machen kann: M_ _ _ _ _
4. Finanzielle Unterstützung bei der Ausbildung durch eine Institution: S_ _ _ _ _ _ _ _ _ _
5. Schule, die man während einer beruflichen Ausbildung besucht: B_ _ _ _ _ _ _ _ _ _ _ _
6. Schule, an der Berufstätige ihr Abitur nachholen können: A_ _ _ _ _ _ _ _ _ _ _ _ _ _
7. Geld, das man für ein Studium an manchen Universitäten bezahlen muss (Pl.):
   S_ _ _ _ _ _ _ _ _ _ _ _ _ _ _
8. Person, die einen Kurs besucht: K_ _ _ _ _ _ _ _ _ _ _ _ _ _

## 2 *können – kennen – wissen*: Ergänzen Sie das passende Verb in der richtigen Form.

1. Wer .................... mir sagen, wie spät es ist, bitte?
2. .................... Sie, wo der Kurs stattfindet?
3. Ich .................... das Gebäude, aber ich .................... nicht, in welchem Raum wir Unterricht haben.
4. .................... Sie schon gut Deutsch sprechen?
5. Ich .................... Russland zwar gut, aber die Sprache .................... ich leider nicht.
6. Leider .................... ich bisher keinen Sprachkurs besuchen, ich .................... einfach nicht, wie ich das zeitlich einrichten sollte.
7. Übrigens, ich .................... unsere Lehrerin schon. Sie ist sehr nett und .................... uns sicher helfen, wenn wir Fragen haben.
8. .................... du, ob wir nur eine Lehrerin haben? Im letzten Kurs hatten wir zwei Lehrer.

*nach 2*

## 3 Welche Adjektive passen zu den Personen? Ordnen Sie zu.

........ a) belastbar ...1... b) kollegial ........ c) mobil ........ d) selbstständig
........ e) temperamentvoll ........ f) vorsichtig ........ g) zielstrebig

1. Sabine ist gern bereit, die Schicht zu tauschen, wenn eine Kollegin einen Termin hat.
2. Auch wenn Ali viel arbeiten muss, ist er nie gestresst und erledigt alle Aufgaben gut.
3. Raquel reagiert sofort sehr heftig und emotional.
4. Paolo weiß genau, dass er Karriere machen will und welche Schritte dafür notwendig sind.
5. Bryan trifft die meisten Entscheidungen allein, ohne vorher andere zu fragen.
6. Für Sevinç ist es kein Problem, dass sie in ihrem Beruf viel reisen muss.
7. Leni überlegt sich alles sehr genau, bevor sie eine Entscheidung trifft.

## 4 Wiederholung: Adjektivdeklination – Ergänzen Sie die Adjektivendungen.

1. Sabrina ist ihrem nette............... Kollegen für seine hilfsbereit............... Art sehr dankbar.
2. Manche Leute arbeiten heute an mobil............... Arbeitsplätzen, d. h. sie haben keinen festen Schreibtisch in der Firma und sitzen mal hier und mal da.
3. Mein intolerant............... Kollege hat glücklicherweise gerade gekündigt. Unter den anderen Mitarbeitern gibt es eine sehr kollegial............... Atmosphäre.
4. Das Team von Frau Sommer hat eine mutig............... Entscheidung getroffen.
5. Mit ihrer kämpferisch............... Art machte sich die neu............... Mitarbeiterin wenig Freunde.
6. Nach den lang andauernd............... Verhandlungen konnten die Verträge endlich unterschrieben werden.
7. Durchhaltevermögen und diszipliniert............... Lernen sind wichtig, wenn man neben dem Beruf eine Weiterbildung macht.
8. Bei diesem ungewöhnlich............... Projekt haben die Kursteilnehmenden besonders viel gelernt.

## 5 Lebenslang lernen

**a Was hat Jannis Nikolaidis gesagt? Markieren Sie in den Sätzen die Verben in indirekter Rede.**

Jannis Nikolaidis ist Rentner und engagiert sich seit kurzem in einem Laientheater. Er lerne immer gern etwas Neues und habe schon seit langem vom Schauspiel geträumt. Aber erst jetzt, nachdem er in Rente sei, habe er Zeit für dieses Hobby, sagt der gebürtige Grieche. Es mache ihm viel Spaß, die Stücke zu proben. Solange er es könne, wolle er sein Hobby ausüben, erzählt der 68-Jährige. Jannis lebt seit über 40 Jahren in Deutschland und spricht sehr gut Deutsch. Trotzdem sei es für ihn eine besondere Herausforderung, auf der Bühne zu stehen, meint er.

**b Schreiben Sie die Sätze in der indirekten Rede aus 5a in der direkten Rede. Achten Sie auch auf die Pronomen.**

„Ich lerne immer gern etwas Neues und habe schon seit langem vom Schauspiel geträumt. ....

...............................................................................................

...............................................................................................

...............................................................................................

*nach 3*

## 6 Welche zwei Wörter haben jeweils eine ähnliche Bedeutung?

~~akzeptieren~~ mehr sein genehmigen anfangen unterstützen bekommen ähnlich sein belegen

1. anerkennen akzeptieren
2. beginnen ...............
3. entsprechen ...............
4. erhalten ...............
5. fördern ...............
6. gewähren ...............
7. nachweisen ...............
8. übersteigen ...............

*nach 4*

## 7 Ergänzen Sie die E-Mail.

**Vestor-Privat-Universität, jetzt neu:**

Weiterbildung in
- Umweltmanagement,
- Umweltmanagement und Technik,
- erneuerbare Energien

Sehr gee_____ Damen und Her____,

im Inte_____ bin i___ auf Ih___ Weiterbildungsangebote im Ber_____ Umweltmanagement aufme______ geworden u___ würde ge____ mehr Inform_________ über d___ Programm Umweltma__________ und Tec_____ bekommen. Wel____ inhaltlichen Schwerp______ werden in die____ Kurs gesetzt? Ist ei___ Aufnahme d___ Studiums jede______ möglich? Bes_____ die Mögli________, ein Stipe______ zu beko_____?

Bitte sen____ Sie m___ Informationsmaterial zu.

M___ freundlichen Grü____

Camila Buendía

*nach 5*

## 8 Was beim Lernen hilft. – Ergänzen Sie die passenden Wörter in der richtigen Form.

~~untersuchen~~ Pause konzentriert fördern Lernblockaden Weiterbildung zeigen Lernstoff Lernumgebung erreichen steigern spielen Anspannung

Die Gehirnforschung hat (1) untersucht ......, wie Gefühle die Lernleistung beeinflussen. Die Untersuchungsergebnisse haben (2) ................, dass positive oder negative Gefühle beim Lernen eine große Rolle (3) ................. Angst kann unsere Speicherfähigkeit und unser kreatives Potential sehr einschränken und (4) ................ verursachen. Positive Gefühle dagegen (5) ................ das Lernen. Ein bisschen Stress kann die Lernleistung sogar (6) .................

Das sagen einige Schüler und Schülerinnen zum Thema effektives Lernen: **Cindy, 17:** Für mich ist eine angenehme (7) ................ ganz wichtig. Ich lerne am liebsten zu Hause und mit Menschen, mit denen ich mich wohlfühle. **Ahmed, 18:** Man muss sich auch belohnen, wenn man etwas (8) ................ hat. Wenn ich viel gelernt habe, mache ich ganz bewusst eine (9) ................. **Luisa 22:** Seit ich meine (10) ................ mache, macht mir das Lernen wirklich Spaß. Ich muss mich nicht zwingen, mich mit dem (11) ................ zu beschäftigen. Für mich ist Spaß beim Lernen ganz wesentlich! **Leon 17:** Mir hilft ein bisschen Stress, eine leichte (12) ................. Dann lerne ich schneller und (13) .................

## 9 Wiederholung: Konjunktiv II – Schreiben Sie die Sätze.

1. Ich gehe gern zu Fuß zur Arbeit.
   Ich würde gern zu Fuß zur Arbeit gehen.
2. Du bist glücklich hier, wenn die Sonne scheint.
   ...
3. Kann meine Kollegin Sie morgen anrufen?
   ...
4. Wir müssen für den Test lernen.
   ...
5. Ihr habt noch viel Zeit, wenn ihr den Zug nehmt.
   ...
6. Du sollst das Auto kaufen.
   ...

## 10 Irreale Vergleichssätze

**a Schreiben Sie die Sätze mit den Informationen zu Ende.**

1. Hanne ist vor einer Reise immer sehr nervös.
   a) Sie hat immer das Gefühl, als würde sie etwas Wichtiges vergessen.
   (Sie vergisst etwas Wichtiges.)
   b) Es kommt ihr so vor, als wenn ...
   (Sie muss vorher noch ganz viel erledigen.)

2. Sari hat oft Angst vor Prüfungen.
   a) Es ist dann so, als ...
   (Sie kann sich nicht konzentrieren.)
   b) Sie fühlt sich, als ob ...
   (Ihr Kopf ist leer.)

3. Tom musste auf die Ergebnisse seiner Abschlussprüfung lange warten.
   a) Es kam ihm so vor, als ob ...
   (Die Zeit vergeht nicht.)
   b) Es fühlte sich so an, als wenn ...
   (Tage sind Jahre.)

**b Schreiben Sie die Sätze wie im Beispiel.**

1. es / so aussehen / , // es / gleich regnen / . (als ob)
2. ich / mich so fühlen / , // ich / eine Erkältung bekommen / . (als wenn)
3. meine Kollegin / so wirken / , // sie / ein Problem haben / . (als)
4. zuerst / so aussehen / , // die Mannschaft / das Spiel gewinnen können / . (als ob)
5. er / sich so fühlen / , // er / im Lotto gewinnen / . (als wenn)
6. sie / so wirken / , // sie / 10 Jahre jünger sein / . (als)
7. es / so scheinen / , // wir / schnell eine Entscheidung treffen müssen / . (als ob)
8. wir / das Gefühl haben / , // wir / uns schon immer kennen / . (als)

1. Es sieht so aus, als ob es gleich regnen würde.

# Ihr Wortschatz

## Nomen

das Anerkennungsverfahren, – ..........

der Anmeldeschluss *(Sg.)* ..........

die Anreise, -n ..........

das Berufsbild, -er ..........

das Durchhaltevermögen *(Sg.)* ..........

der Einfluss, ¨-e ..........

die Fachkraft, ¨-e ..........

das Jahreseinkommen, – ..........

das Mitgefühl *(Sg.)* ..........

der Nutzen *(Sg.)* ..........

die Pubertät *(Sg.)* ..........

die Schwangerschaft, -en ..........

das Stipendium, Stipendien ..........

die Umschulung, -en ..........

die Unterstützung, -en ..........

die Weiterbildung, -en ..........

## Verben

beantragen ..........

betonen ..........

blockieren ..........

differenzieren (zwischen + D.) ..........

drohen ..........

einschränken ..........

entsprechen ..........

erkennen ..........

forschen ..........

nachweisen ..........

senken/steigern ..........

signalisieren ..........

promovieren ..........

übersteigen ..........

verknüpfen (mit + D.) ..........

versteuern ..........

verursachen ..........

sich wenden (an + A.) ..........

zunehmen/abnehmen ..........

## Adjektive

diszipliniert ..........

erwerbstätig/erwerbslos ..........

grundlegend ..........

intensiv/extensiv ..........

kämpferisch ..........

messbar ..........

offensichtlich ..........

stellvertretend (für +A.) ..........

temperamentvoll/temperamentlos ..........

verantwortungsbewusst/verantwortungslos ..........

tolerant/intolerant ..........

zielstrebig/ziellos ..........

## Andere Wörter und Ausdrücke

einen Abschluss nachholen ..........

Kontakte knüpfen ..........

mehr als genug ..........

## 11 Ergänzen Sie passende Verben oder Nomen aus „Ihr Wortschatz".

1. ................................ der Antrag
2. anreisen ................................
3. ................................ die Blockade
4. ................................ die Einschränkung
5. ................................ die Forschung
6. ................................ der Nachweis
7. umschulen ................................
8. sich weiterbilden ................................

## 12 Ergänzen Sie die passenden Nomen aus „Ihr Wortschatz".

1. Kannst du mir helfen? Ich brauche wirklich ein bisschen ................................ in Mathematik.
2. Wenn man sich auf eine Prüfung vorbereitet, braucht man Geduld und .................................
3. Der ................................ für die Prüfung ist der 31.3.
4. Diese Weiterbildung ist nicht billig. Hast du schon versucht, dich um ein ................................ zu bewerben?
5. Weil Carl eine Allergie entwickelt hat, kann er seinen Beruf als Tischler nicht mehr ausüben und macht jetzt eine ................................ zum Bauzeichner.

## 13 Für Ihren Alltag – Schreiben Sie in Ihrer Sprache.

„Weiterbildung" bedeutet, dass … ................................

Ich habe mich so gefühlt, als ob … ................................

Es sah so aus, als wenn … ................................

Es kommt mir so vor, als ob … ................................

Das geht mir auch so. ................................

Durch … bin ich auf … aufmerksam geworden. ................................

Zurzeit arbeite ich bei … als … ................................

Von der Weiterbildung verspreche ich mir, … ................................

## 14 Ihre Wörter und Sätze – Schreiben Sie.

| Ihre Sprache: | Deutsch: |
|---|---|
| ................................ | ................................ |
| ................................ | ................................ |
| ................................ | ................................ |
| ................................ | ................................ |

## 15 Ihr Text – Was haben Sie wann gelernt? Haben Sie das gern / nicht so gern gelernt? Warum? Schreiben Sie in Ihr Heft.

*Schwimmen habe ich erst gelernt, als wir nach Deutschland kamen. Am Anfang war es nicht leicht für mich, …*

# D Grammatik wiederholen

### Negationswörter

- Mit *nicht* verneint man Verben oder ganze Aussagen, mit *kein/keine* verneint man Nomen.
  *Ich komme heute nicht, weil ich keine Zeit habe.*
- Weitere Negationswörter sind *nichts, niemand, nie/niemals, noch nie, nirgends/nirgendwo.*

**1 Gegenteile – Ergänzen Sie die passenden Negationswörter aus dem Kasten oben.**

1. schon immer *noch nie*
2. etwas/alles ..........
3. jemand/alle ..........
4. immer ..........
5. irgendwo/überall ..........

**2 *nicht* oder *kein*? Ergänzen Sie. Achten Sie bei *kein* auf die Endungen.**

● Haben Sie das Angebot für Frau Fröling schon geschrieben?

○ Ich habe es noch (1) .......... geschrieben, weil ich (2) .......... Zeit hatte.

● Das ist aber (3) .......... gut. Man sollte eine Kundin (4) .......... warten lassen!

○ Ich habe aber auch noch (5) .......... Informationen darüber, was sie genau möchte.

● Dann sollten Sie (6) .......... zögern, die Kundin noch mal zu kontaktieren. Und haben Sie bitte (7) .......... Angst davor, mich anzusprechen, falls Sie noch Fragen haben.

**3 Ergänzen Sie die passenden Negationswörter. Zum Teil gibt es mehrere Möglichkeiten.**

Eigentlich wollte ich schon lange eine Weiterbildung zur Heilpraktikerin machen, aber mein Problem war, dass ich (1) .......... über Förderprogramme wusste und trotz langer Suche (2) .......... ein Angebot fand, das zu meinen Bedürfnissen passte. Und ich kannte auch (3) .........., der mich zu dem Thema beraten konnte. Damals waren meine Kinder außerdem noch sehr klein, und ich hatte (4) .......... genug Zeit. Aber kürzlich erzählte mir eine Freundin von einer tollen Weiterbildung, und an der werde ich jetzt teilnehmen!

### Indefinitartikel und Indefinitpronomen

*alle, viele, einige, manche* und *wenige* kann man als Artikel oder als Pronomen verwenden:
- Nominativ: *Ich habe alle Kolleginnen und Kollegen informiert.* → *Ich habe alle informiert.*
- Akkusativ: *Ich habe heute früh alle (Kolleginnen und Kollegen) gesehen.*
- Dativ: *Ich habe mit allen (Kolleginnen und Kollegen) gesprochen.*

**1 Wie viele? Ergänzen Sie Wörter aus dem Kasten.**

| ≈ 100 % | ≈ 90 % | ≈ 80% | ≈ 50 % | ≈ 40 % | ≈ 20% | ≈ 10 % | ≈ 0 % |
|---|---|---|---|---|---|---|---|
| alle | die meisten | .......... | die Hälfte | .......... | .......... | .......... | niemand |

**2 Wie ist das bei Ihnen in der Firma oder in der Familie? Schreiben Sie Sätze.**

*Alle mögen Pizza. Die meisten sprechen Englisch. ...*

## Lokale und temporale Präpositionen

**temporale Präpositionen:** *ab, an, außerhalb, bei, bis, in, innerhalb, nach, seit, um, vor, während, zu, zwischen*
**lokale Präpositionen:** *an, auf, aus, außerhalb, bei, durch, gegenüber, hinter, innerhalb, in, nach, neben, über, unter, um, von, vor, zu, zwischen*

### 1 Welchen Kasus brauchen die Präpositionen? Schreiben Sie sie in die Tabelle.

| Akkusativ | Dativ | Genitiv | Dativ (Ort/Zeit) Akkusativ (Richtung) |
|---|---|---|---|
| | ab | | an |

### 2 Schon wieder zu spät! Welche temporalen Präpositionen passen?

● Da bist du ja endlich! Ich warte schon (1) .................... einer Stunde!
○ Tut mir leid. Ich wollte auch pünktlich (2) .................... acht Uhr da sein, aber (3) .................... dem Abendessen und (4) .................... dem Schlafengehen braucht meine Tochter immer ihre Gutenachtgeschichte, und die wollte sie unbedingt von mir hören und nicht von der Babysitterin. Und danach dauert es (5) .................... zehn bis zwanzig Minuten, (6) .................... sie dann endlich schläft.

### 3 Mein Traumhaus – Welche Präpositionen passen? Markieren Sie.

1. Meine Wohnung liegt weit über/in/unter der Stadt auf einem kleinen Hügel.
2. Auf/Gegenüber/Durch von meinem Haus ist ein alter Wald.
3. Zu/Unter/Nach den Bäumen gibt es viele Blumen.
4. Zwischen/Innerhalb/In dem Wald und meinem Haus ist eine grüne Wiese.
5. Nach/Zu/Hinter dem Haus ist ein großer Spielplatz.
6. In/Auf/Bei meiner Wohnung gibt es viel Platz.
7. Im Sommer stelle ich das Bett zwischen/bei/auf die Terrasse.
8. Den Schreibtisch habe ich innerhalb/durch/in die Küche vor/nach/zu das Fenster gestellt.

### 4 Schreiben Sie zu jedem Wort einen Satz mit einer lokalen Präposition aus dem Kasten.

das Auto, die Garage, die Katze, der Hund, die Mülltonne, das Fahrrad, der Topf, die Blumenvase, die Frau, der Gartenzwerg

*Außerhalb des Gartens ist die Katze nicht sicher.*

## Angaben im Satz

- Die Angaben im Satz stehen meistens in dieser Reihenfolge:
  *wann* (temporal) – *warum* (kausal) – *wie* (modal) – *wo* (lokal)
  *Sie erzählt heute zum Spaß mit viel Humor im Büro Geschichten über die Chefin.*
- Eine Angabe kann auch am Satzanfang stehen. Die Reihenfolge der anderen Angaben bleibt gleich:
  *Heute erzählt sie zum Spaß mit viel Humor im Büro Geschichten über die Chefin.*

**1 Variieren Sie die Sätze: Beginnen Sie mit dem unterstrichenen Satzteil.**

1. Viele Menschen arbeiten <u>heutzutage</u> aufgrund der Globalisierung im Ausland.
   Heutzutage arbeiten ..................
2. Mein Kollege war gestern <u>wegen einer Dienstreise</u> nicht in der Firma.
3. Man spricht seit einiger Zeit wegen der Globalisierung <u>in vielen Firmen</u> Englisch.
4. Deutschland wirbt <u>trotz des Fachkräftemangels</u> noch nicht intensiv genug um qualifizierte Fachkräfte.

**2 Schreiben Sie die Sätze neu und ergänzen Sie die Angaben an den richtigen Stellen.**

1. Er ist vor kurzem wegen eines interessanten Stellenangebots nach Deutschland gezogen. (spontan)
2. Er arbeitet mit Begeisterung an seinem neuen Projekt. (wegen der interessanten Aufgaben)
3. Er hat intensiv ein ähnliches Projekt in Brasilien betreut. (früher)
4. Er fühlt sich wegen des guten Arbeitsklimas wohl. (in der neuen Firma)

**3 Ordnen Sie und schreiben Sie die Sätze.**

1. wegen ihrer silbernen Hochzeit / meine Eltern / feiern / ein großes Fest / nächstes Jahr / in Mainz / .
2. nach der Elternzeit / mein Partner / in seiner Firma / überraschend / eine interessantere Stelle / bekommen / . (Perfekt)
3. sie / eine Firma / gründen / gleich nach dem Studium / in Berlin / trotz des hohen Risikos / . (Perfekt)

1. Meine Eltern feiern ...

## Passiv

> Das Passiv verwendet man, wenn die handelnde Person nicht wichtig ist, ihre Nennung unnötig ist oder man sie nicht nennen will. Es gibt zwei Arten von Passiv:
> - **Vorgangspassiv:** Wichtig ist der Vorgang, die Handlung.
>   Bildung: *werden* + Partizip II: *Die Ware wird geliefert. Die Ware wurde geliefert. Die Ware ist geliefert worden.*
>   Modalverb + Partizip II + *werden*: *Die Ware muss geliefert werden. Die Ware musste geliefert werden.*
>   Mit *von* + Dativ kann man im Vorgangspassiv die Person nennen, die etwas tut: *Die Ware wird vom Großhändler geliefert.*
> - **Zustandspassiv:** Wichtig ist das Ergebnis der Handlung, der neue Zustand.
>   Bildung: *sein* + Partizip II: *Die Ware ist geliefert.*

**1 Was passiert heute im Medienkaufhaus? – Schreiben Sie die Sätze.**

1. Kunden beraten *Die Kunden werden beraten.*
2. Waren einsortieren ..........
3. Dienstplan besprechen ..........
4. Rechnungen schreiben ..........
5. eine neue Kasse öffnen ..........

**2 Das wurde gestern auch gemacht. – Schreiben Sie die Sätze aus 1 im Passiv Präteritum.**

*1. Die Kunden wurden beraten.*

**3 Die Wohnung ist fertig! – Was ist von wem gemacht worden? Schreiben Sie Sätze im Passiv Perfekt.**

neue Wasserleitungen legen (Installateur)
das Bad fliesen (Fliesenleger)
Lampen montieren (Elektrikerin)
Wände streichen (Maler)

*Die neuen Wasserleitungen sind vom Installateur gelegt worden.*

**4 Morgens im Hotel – Was muss alles gemacht werden? Schreiben Sie.**

1. das Frühstück vorbereiten *Das Frühstück muss vorbereitet werden.*
2. die Tische decken ..........
3. die Zimmer aufräumen ..........
4. die Betten neu beziehen ..........
5. für einen Gast ein Taxi rufen ..........

**5 Nach Feierabend in einem Restaurant. Schreiben Sie Sätze im Zustandspassiv.**

*Der Herd ist ausgeschaltet.*

| | |
|---|---|
| ✓ Herd ausschalten | ✓ Fußboden putzen |
| ✓ Küche aufräumen | ✓ Abrechnung machen |
| ✓ die Stühle hochstellen | ✓ Trinkgeld aufteilen |

## Konjunktiv II (Vergangenheit)

Den Konjunktiv II der Vergangenheit verwendet man, um Folgendes auszudrücken:
- Wünsche, die nicht erfüllt wurden: *Ich hätte gern studiert, aber ich musste gleich arbeiten.*
- Ratschläge zu etwas, was schon passiert ist: *An deiner Stelle hätte ich versucht, ein Stipendium zu bekommen.*
- irreale Bedingungen in der Vergangenheit: *Wenn ich studiert hätte, wäre ich Architektin geworden.*

Bildung: *haben* oder *sein* im Konjunktiv II + Partizip II: *ich hätte gemacht, ich wäre gekommen*

## 1 Was haben die Personen sich gewünscht? – Ergänzen Sie die Sätze im Konjunktiv II der Vergangenheit wie im Beispiel.

1. ich / am Sonntag gerne einen Ausflug / machen – aber es hat geregnet
   Ich hätte am Sonntag gerne einen Ausflug gemacht, aber es hat geregnet.
2. er / am Montag gerne seine Freundin / treffen – aber sie hatte keine Zeit
   ..........
3. Lucian / gerne eine Weiterbildung / machen – aber seine Chefin hat ihm nicht freigegeben
   ..........
4. mein Bruder / gerne ein neues Handy / kaufen – aber er hatte nicht genug Geld
   ..........
5. Tania / gerne ins Ausland / gehen – aber dann hat sie sich hier verliebt
   ..........

## 2 Schreiben Sie mit den Sätzen aus 1 irreale Bedingungssätze in der Vergangenheit wie im Beispiel.

1. Wenn es nicht geregnet hätte, hätte ich am Sonntag einen Ausflug gemacht.
   Ich hätte am Sonntag einen Ausflug gemacht, wenn ...

## 3 Schreiben Sie zu den Sätzen aus 1 Ratschläge in der Vergangenheit.

1. einen Schirm mitnehmen
   An deiner Stelle hätte ich einen Schirm mitgenommen.
2. ihr einen anderen Termin vorschlagen
   Ich hätte ..........
3. der Chefin klar machen sollen, wie wichtig die Weiterbildung ist
   Er ..........
4. ein günstiges Modell nehmen
   An seiner Stelle ..........
5. eine Fernbeziehung in Kauf nehmen können
   Sie ..........

## Hauptsatz-Konnektoren

- Konnektoren auf Position 0: *und, oder, aber, denn, sondern.*
  Merken Sie sich diese Konnektoren mit einer Abkürzung, z. B. ***aduso*** für ***aberdennundsondernoder***.
  Vor *und* und *oder* steht kein Komma, vor *aber, denn* und *sondern* steht immer ein Komma.
- Konnektoren auf Position 1: *deshalb, deswegen, daher, darum, aus diesem Grund, also, trotzdem.*
  Vor diesen Konnektoren steht immer ein Komma.

### 1 Welcher Konnektor passt zur Verbposition? Markieren Sie.

1. Ich möchte später einen sicheren Arbeitsplatz, ☒ deshalb ☐ und mache ich eine Ausbildung.
2. Ich habe noch nie an einer Fortbildung teilgenommen, ☐ aus diesem Grund ☐ aber möchte ich das jetzt endlich einmal machen.
3. Mein Chef stellt uns für Fortbildungen frei, ☐ denn ☐ deshalb er findet das wichtig.
4. In meinem Team gibt es zurzeit öfters Streit, ☐ daher ☐ denn interessiere ich mich für ein Seminar zum Thema Konfliktmanagement.
5. Bei einem dualen Studium hat man kaum Freizeit, ☐ darum ☐ sondern man muss viel arbeiten.
6. Es ist keine leichte Lebensphase, ☐ trotzdem ☐ sondern kann man diese Zeit auch genießen.

### 2 Verbinden Sie die Sätze mit *und, oder, aber, denn* oder *sondern*. Achten Sie auf die Verbposition. Es gibt mehrere Möglichkeiten.

1. Ich möchte studieren. Davor muss ich eine Sprachprüfung bestehen.
   Ich möchte studieren, aber davor muss ich ........................................
2. Meine Freundin geht ein Jahr nach England. Sie fängt in Leipzig eine Ausbildung an.
   ........................................
3. Mein Onkel hat nicht studiert. Er musste gleich nach der Schule Geld verdienen.
   ........................................
4. Er hat das Geld gebraucht. Er musste für seine Familie sorgen.
   ........................................
5. Er hat auf dem zweiten Bildungsweg das Abitur nachgemacht. Jetzt studiert er.
   ........................................

### 3 Ergänzen Sie die Sätze frei.

1. ........................................, deshalb lebe ich jetzt hier.
2. Am Anfang hatte ich Schwierigkeiten mit ........................................,
   aber jetzt .........................................
3. Zurzeit lerne ich Deutsch, denn .........................................
4. Ich habe nicht viel Zeit zum Lernen, trotzdem ........................................
   .........................................
5. Die Sprache ist wichtig, um hier richtig anzukommen, aus diesem Grund ........................................
   ........................................

# Lösungen

## Kapitel 9

**1a** 1. ~~die Angina~~; 2. ~~die Krankenkasse~~; 3. ~~die Bewegung~~; 4. ~~die Stirn~~; 5. ~~die Arznei~~; 6. ~~die Behandlung~~

**1b** 1. Krankenpfleger; 2. Entspannung; 3. Physiotherapie; 4. Ernährungsberaterin; 5. Schnupfen; 6. Diagnose; 7. Arzthelferin; 8. Vorsorge; 9. Impfpass; 10. Rezept

**2** 2. Marga macht Yoga, weil sie sich entspannen will. / ..., denn sie will sich entspannen. 3. Kai achtet auf seine Ernährung, denn er findet das sehr wichtig. / ..., weil er das sehr wichtig findet. 4. Oliver hat Rückenschmerzen, deshalb besucht er einen Physiotherapeuten. 5. Sara sucht ihren Impfpass, denn sie braucht eine Impfung. / ..., weil sie eine Impfung braucht. 6. Leo spricht mit der Krankenkasse, weil er einen Zuschuss beantragen möchte. / ..., denn er möchte einen Zuschuss beantragen.

**3** (2) Viele Leute meinen zwar; (3) Einerseits; (4) andererseits; (5) Das sehe ich ganz anders; (6) Ich bin da geteilter Meinung; (7) Das stimmt natürlich; (8) meiner Ansicht nach; (9) natürlich wäre es gut

**4** (1) akuten; (2) stationär; (3) Operation; (4) Anästhesie; (5) ambulant; (6) Wunde; (7) lagern; (8) Pflegebericht; (9) Schmerzen; (10) Spritze

**5** 1. (b); 2. (b); 3. (b); 4. (a); 5. (a); 6. (b); 7. (a); 8. (b)

**6** 2. Ich versuche, mir einmal in der Woche Zeit für sie zu nehmen. 3. Heute habe ich vor, ihr Blumen mitzubringen. 4. Ich beabsichtige, gleich nach der Arbeit hinzugehen. 5. Für Frau Laurenz ist es sehr wichtig, sich austauschen zu können. 6. Ich bedaure, sie nicht häufiger besuchen zu können. 7. Für meine Nachbarin ist es nicht so angenehm, auf Hilfe angewiesen zu sein. 8. Sie freut sich schon darauf, nach ihrer Krankheit wieder selbstständig einkaufen zu können.

**7a** 1. dokumentieren; kontrollieren; 2. dokumentieren; kontrollieren; 3. messen; kontrollieren; dokumentieren; 4. verständigen; 5. besorgen; kontrollieren; 6. besorgen; nachreichen; kontrollieren

**7b** **Beispiele:** 2. Das Verhalten des Patienten wird im Pflegebericht dokumentiert. 3. Der Blutdruck wird von der Krankenpflegerin gemessen. 4. Die Angehörigen werden von der Ärztin verständigt. 5. Die Arzneien werden besorgt. 6. Das Rezept wird in der Apotheke nachgereicht.

**8** 1. c); 2. f); 3. a); 4. e); 5. b); 6. d)
2. Sie sollten zuerst den Arzt benachrichtigen. 3. Später können Sie den Pflegedienstleiter verständigen. 4. Besorgen Sie auf jeden Fall zuerst vom Arzt ein neues Rezept. 5. Sie müssen den Arzt darüber informieren, welche Medikamente der Patient nicht verträgt. 6. Bitten Sie im Notfall den Apotheker, Ihnen das Medikament ohne Rezept zu geben.

9 Groß- und Kleinschreibung: Z. 2: Interesse; Z. 4: Erfahrung; Z. 6: nützlich; Z. 7: ich; Z. 9: Verabredungen; Z. 13: Grüßen;
Infinitiv mit *zu*: Z. 3: zu machen; Z. 5: zu ändern; Z. 8: zu ändern; Z. 10: mitzugehen

**10** 2. Findest du es hier zu kalt? 3. Was gibt es heute zu Essen? 4. Ich habe es eilig. 5. Es gefällt mir, ein gutes Buch zu lesen. 6. Es ärgert mich, dass du immer zu spät kommst. 7. Es freut ihn, dass du ihn besuchst. 8. Es ist schön, am Strand spazieren zu gehen.

**11** 1. dreht sich ... um; 2. klagt; 3. motiviert ... zu; 4. fördern; 5. zu verständigen; 6. beabsichtigt

**12** (1) liebevoll; (2) überlastet; (3) Durchschnittlich; (4) verwirrt; (5) nötig

## Kapitel 10

**1a** **Lösungsvorschlag:** ein vegetarisches Curry; ein traditionelles Gericht; ein traditioneller Nachtisch; ein mildes Curry; ein milder Kaffee; ein scharfes Curry; ein scharfes Tagesgericht; ein umfangreiches Menü; eine umfangreiche Speisekarte; ein günstiges Menü; ein günstiges Tagesgericht; eine würzige Ente; ein würziger Fisch; ein leckerer Nachtisch; ein leckeres Menü; ein reichhaltiges Menü; eine reichhaltige Speisekarte; ein indisches Curry; ein indisches Restaurant; ein erstklassiges Restaurant; ein erstklassiges Ambiente; eine vegane Speisekarte; ein veganes Tagesgericht; ein frischer Nachtisch; ein frischer Fisch; eine knusprige Ente; ein knuspriger Fisch; ein süßer Duft; ein süßer Nachtisch; ein starker Duft; ein starker Kaffee; ein riesiger Hunger; eine riesige Speisekarte

**1b** **Beispiele:** (2) günstigen; veganen; vegetarischen; indischen; (3) erstklassigem; (4) riesige; umfangreiche (5) frisches; günstiges; (6) traditionelles; vegetarisches; veganes; indisches; (7) süßen; (8) starken; (9) riesigen

**2** (2) neuen; (3) motivierten; (4) komplizierteste; (5) ganzen; (6) traditionelle; (7) geduldige; (8) unerfahrenen; (9) süßen; (10) leckere; (11) gemeinsamen; (12) begeisterten; (13) absolute

**3** Chili & Co.: *freundlicher Service;* scharfes Essen; angenehme Musik; günstige Preise
Weinbar „Vinicultura": umfangreiche Weinkarte; perfekte Beratung; entspannendes Ambiente; erstklassiger Genuss

**4** (1) Leckere; (2) rote; (3) halbes; (4) kleinen; (5) mittelgroße; (6) große; (7) tiefgefrorene; (8) fertige; (9) frisches; (10) schwarzen; (11) scharfes; (12) roten; (13) scharfen; (14) kleine; (15) halbe; (16) übrige; (17) heißen; (18) gewürfelten; (19) geschnittene; (20) heiße; (21) frische; (22) schwarzen; (23) scharfen; (24) geriebener; (25) knuspriges; (26) kräftiges

**5** 2. das Brett, -er; 3. der Topf, ¨-e; 4. die Pfanne, -n; 5. die Pfeffermühle, -n; 6. der Kochlöffel, –; 7. die Schüssel, -n; 8. die Waage, -n

**6** 2. Zum Autofahren braucht man einen Führerschein. 3. Zum Malen braucht man Farbe. 4. Zum Wandern braucht man einen Rucksack. 5. Zum Schwimmen braucht man eine Badehose. 6. Zum Joggen braucht man Laufschuhe. 7. Zum Reiten braucht man ein Pferd.

**7a** 2. Damit er einen Platz in dem Kochkurs bekommt, muss er sich früh anmelden. 3. Damit die Kursleiterin alles in Ruhe vorbereiten kann, kommt sie eine Viertelstunde vor Kursbeginn. 4. Damit die Teilnehmenden nichts vergessen, gibt sie ihnen alle Rezepte. 5. Damit ich auch von dem Kochkurs profitiere, kocht mein Freund mit mir die Gerichte. 6. Damit meine Oma nicht so oft kochen muss, bringe ich ihr oft Essen mit.

**7b** 3. Um alles in Ruhe vorbereiten zu können, kommt sie eine Viertelstunde vor Kursbeginn.

**8a** 2. freundlich; 3. kreativ; 4. serviceorientiert; 5. engagiert; 6. belastbar; 7. die Flexibilität; 8. die Teamfähigkeit; 9. die Kraft; 10. die Geschicklichkeit

**8b** 1. ~~bedienen~~; 2. ~~belasten~~; 3. ~~brauchen~~; 4. ~~kochen~~; 5. ~~durchführen~~; 6. ~~stressen~~

**9a** (1) Interesse; (2) Gastronomie; (3) Pfannen; (4) Filialen; (5) Kalenderwoche; (6) Bestellung; (7) Aufgaben; (8) Garantie; (9) Bemühungen; (10) Leiter

**9b** für; Wir; über; unseren; Lieferung; Pfannen; Durchmesser; drei; Pfannen; Durchmesser; sofort; gewähren; Ihrer; Prozent; Jahr; uns; Auftrag; Grüßen

**10** *Essen ist ...: geschmackvoll;* mild, scharf; vegan; würzig
*das braucht man beim Kochen: der Mixer,* –; die Pfanne, -n; die Schürze, -n; das Sieb, -e; der Topf, ¨-e; die Waage, -n; die Zutat, -en
*das macht man zum Kochen: braten;* hacken; reiben; rühren; schälen
*berufliche Kompetenzen: die Ausdauer, belastbar;* das Durchsetzungsvermögen (Sg.); die Flexibilität (Sg.); die Geschicklichkeit (Sg.); die Sorgfalt (Sg.); die Strategie, -n; serviceorientiert; verantwortungsvoll; zuverlässig

**11** 1. zäh; 2. vegan; 3. Imbiss; 4. geschmackvoll; akzeptabel; 5. serviceorientiert; belastbar; kompetent; verantwortungsvoll; zuverlässig; 6. Vollständigkeit; 7. akzeptabel

## Kapitel 11

**1a** *der Großhandel (Sg.);* die Zielgruppe, -n; der Umweltstandard, -s; die Nachfrage, -n; die Kundenorientierung *(Sg.);* die Servicequalität, -en; die Dienstleistung, -en; der Wechselkurs, -e; der Internetauftritt, -e; die Produktqualität, -en; die Marktlücke, -n; der Firmenstandort; -e; die Webseite, -n

**1b** (2) Kundenorientierung; (3) Servicequalität; (4) Webseite; (5) Nachfrage; (6) Firmenstandort; (7) Internetauftritt

**2** bildlich – visuell; der Effekt – die Wirkung; die Emotion – das Gefühl; möglicherweise – potenziell; provozieren – hervorrufen; senkrecht – vertikal

**3** geehrte; mit; Interesse; ich; Artikel; Handel; Netz; dem; unter; über; Zuwachs; Onlinehandel; Eine; Meldung; ich; Auch; und; werden; häufiger; gekauft; frage; Muss; sein; ist; praktisch; man; ins; geliefert; aber; steigt; Anteil; Verpackungen; Haushalt; stark; Ist; gut; unsere; Ich; verstehen; man; eine; andere; kauft, man; sonst; nicht; oder; dort; günstiger; Aber; des; Bedarfs; hört; mir; Verständnis; Mit; Grüßen

4 2. Das Angebot ist manchmal auch größer, deshalb hat der Online-Handel Vorteile. 3. Ihre Nachbarin nimmt die Ware an, wenn Aylin nicht zu Hause ist. 4. Die Firmen gestalten ihren Internetauftritt interessant, damit sie Kunden anziehen. 5. Sie verschicken Newsletter, um auf neue Produkte aufmerksam zu machen. 6. Lino kauft manchmal online ein, obwohl er lieber persönlich in die Geschäfte geht. 7. Seine Frau kauft lieber im Internet ein, da sie wenig Zeit hat. 8. Sie schickt die Ware wieder zurück, falls sie Ihr nicht gefällt.

5a 1. d); 2. f); 3. b); 4. a); 5. e); 6. c)

5b 2. ohne ... zu; 3. ohne dass; 4. indem; 5. ohne dass; 6. ohne ... zu

6 2. ~~ausfüllen~~; 3. ~~beheben~~; 4. ~~schreiben~~; 5. ~~halten~~; 6. ~~auspacken~~; 7. ~~erstellen~~; 8. ~~lösen~~; 9. ~~begleichen~~; 10. ~~überarbeiten~~

7a 2. auslaufend, ausgelaufen; 3. beauftragend, beauftragt; 4. benötigend, benötigt; 5. erledigend, erledigt; 6. geltend, gegolten; 7. habend, gehabt; 8. installierend, installiert; 9. korrigierend, korrigiert; 10. transportierend, transportiert; 11. überarbeitend, überarbeitet

7b (2) geltenden; (3) überarbeitete; (4) korrigierte; (5) verbesserten; (6) beauftragte; (7) auslaufende; (8) transportierten; (9) Dienst habenden; (10) benötigte; (11) auftretenden

8 2. gegeneinander; 3. voneinander; 4. miteinander; 5. übereinander; 6. voneinander; 7. einander; 8. zueinander

9 1. jmd. auffordern; 2. die Besprechung; 3. bestätigen; 4. der Entwurf; 5. der Export; 6. die Produktion; 7. recherchieren; 8. überarbeiten

10 2. berücksichtigen, ablehnen, kommentieren; 3. ausliefern; 4. bestätigen, kommentieren, überarbeiten; 5. ablehnen, berücksichtigen, kommentieren, provozieren, schätzen; 6. installieren; 7. anpassen (an + A.); montieren

## Kapitel 12

1 1. gleich; 2. gleichberechtigt; 3. ungestörte; 4. äußern, verbreiten; 5. Politisch

2 1. Bundestag; 2. Bundespräsident; 3. Parlament; 4. Volk; 5. Kanzlerin; 6. Föderalismus; 7. Wahl; 8. Macht; 9. Regierung; 10. Verwaltung
Lösungswort: Demokratie

3 1. Klimaschutz; 2. Elektromobilität; 3. Windenergie; 4. Atomkraftwerke; 5. Exportförderung; 6. Gerechtigkeit; 7. Sicherheit; 8. Eurozone

4 1. c); 2. c); f); 3. b); d); 4. a); 5. d); 6. e)

5 2. weswegen; 3. was; 4. was; 5. wodurch; 6. weswegen

6a (2) einsteigen; (3) beschreiben; (4) kämpfen; (5) umsetzen; (6) bekommen; (7) sagen; (8) finde; (9) angewiesen; (10) unterbrechen; (11) spricht; (12) brauchen

6b 1. f); 2. e); 3. g); 4. i); 5. a); 6. b); 7. c); 8. j); 9. d); 10. h)

7a *mit Akkusativ:* bis; durch; für; gegen; ohne; um
*mit Dativ: ab;* aus; bei; mit; nach; seit; von; zu
*mit Dativ oder Akkusativ:* an; auf; in; hinter; neben; über; unter; vor; zwischen
*mit Genitiv:* anlässlich; aufgrund; außerhalb; innerhalb; statt; trotz; während; wegen
(*trotz, während* und *wegen* können auch mit Dativ verwendet werden)

7b 1. dem; 2. ihrem; 3. der; 4. dem; kürzester; 5. den; allen; 6. des; 7. dem; 8. das; die; 9. dem

8 1. Anlässlich; 2. wegen; 3. innerhalb; 4. aufgrund; 5. Statt; 6. trotz; 7. Während

9 *Legislative:* der Bundestag; der Bundesrat; das Parlament; das Grundrecht
*Exekutive:* der Kanzler; die Kanzlerin; der Minister; die Ministerin; das Finanzamt; der Föderalismus; das Grundrecht
*Judikative:* das Bundesverfassungsgericht; das Grundrecht; der Richter, die Richterin

10 1. vernetzen; 2. interpretieren; 3. debattiert; 4. mitbestimmen; 5. ausreden; beleidigen; 6. protestieren

## Grammatik wiederholen C

**Fragen und indirekte Fragesätze: Fragen wiedergeben, höflicher fragen**

1 2. Was; 3. Wer; 4. welche; 5. Hat; 6. Ist; 7. Was

2 2. ..., was da wohl drin ist. 3. ..., wer die Kisten geliefert hat. 4. ..., für welche Abteilung die Ware bestimmt war/ist. 5. ..., ob die Importabteilung das bestellt hat. 6. ..., ob die Ware schon bezahlt worden ist. 7. ..., was wir jetzt damit machen sollen.

3 **Beispiele:** 1. Können Sie mir bitte sagen, warum der Auftrag noch nicht bearbeitet worden ist?

2. Ich würde gerne wissen, an wen ich mich mit dieser Frage wenden kann? 3. Können Sie mir vielleicht sagen, wo ich den zuständigen Mitarbeiter finde? 4. Kann ich Sie fragen, ob das die neueste Version des Programms ist?
5. Können Sie mir Auskunft darüber geben, ob ich die Reklamation auch telefonisch erledigen kann?

**Zweiteilige Konnektoren**

1 1. b); 2. e); 3. d); 4. c); 5. a)

2 1. nicht nur ..., sondern auch; sowohl ... als auch; 2. entweder ... oder; 3. weder ... noch; 4. zwar ..., aber

3 1. weder ... noch; 2. sowohl ... als auch; 3. weder ... noch; 4. Entweder ... oder; 5. zwar ... aber

4 1. ... gut organisieren können. 2. Zwar muss man manchmal viele Überstunden machen, aber man kann auch viel Geld verdienen. 3. Ich muss nicht nur flexibel sein, sondern ich muss auch gut mit Menschen umgehen können.
4. Entweder ich begleite Reisen ins Ausland oder ich biete Führungen im Inland an.
5. Ich beherrsche viele Sprachen. Aber leider spreche ich weder Chinesisch noch Japanisch.

**Relativsätze**

1 1. ..., der nur einmal wöchentlich besucht werden muss; den Sie zum Arzt begleiten müssen; dem Sie neue Tabletten bringen müssen. 2. ..., die eine Allergie hat; die Sie vor Ihrem Besuch anrufen sollten; der Sie beim Anziehen helfen müssen. 3. ... , das seit Wochen mit Magenproblemen im Krankenhaus ist; dem du beim Essen helfen solltest; dem du gerne eine Gute-Nacht-Geschichte vorlesen kannst. 4. ..., die sich beim Skifahren verletzt haben; die du nicht nach dem Unfall fragen solltest; denen du die Verbände wechseln musst.

**Relativsätze mit Präpositionen und Relativsätzen mit *wo***

1 1. von der; 2. auf die; 3. für das; 4. bei der; 5. auf das; 6. auf die; 7. für die; 8. von der

2 1. in der; 2. in dem; 3. in das; 4. in der; 5. um den; 6. auf der; 7. auf dem; 8. in dem

3 2, 4, 6, 7, 8

**Konnektoren: Gründe und „Gegengründe" ausdrücken**

1 1. c); 2. g); 3. e); 4. a); 5. h); 6. b); 7. d); 8. f)

2 1. trotzdem; deshalb; denn
2. weil; obwohl

3 2. Die gelieferten Tomaten waren nicht reif, obwohl der Koch reife Tomaten bestellt hatte. Der Koch hatte reife Tomaten bestellt, trotzdem waren die gelieferten Tomaten nicht reif. 3. Die Gäste waren zufrieden mit dem Restaurant, obwohl sie lange auf ihr Essen warten mussten. Sie mussten lange auf ihr Essen warten, trotzdem waren die Gäste zufrieden mit dem Restaurant.

4 2. Der Beruf ist attraktiv, denn er ist vielseitig und kreativ. 3. Das Restaurant findet keine Bedienungen, obwohl es viele Stellenangebote veröffentlicht hat. 4. Die Kellnerin hat einen langen Arbeitstag, trotzdem bleibt sie immer freundlich. 5. Der Küchenchef begrüßt seine Gäste, weil er den Kontakt zu den Gästen schätzt.

**Verben mit Präpositionen und Nebensatz**

1 2. daran; 3. darauf; 4. darauf; 5. dafür; 6. darüber; 7. darum; 8. dafür

2 2. Er interessiert sich dafür, Interviews zu führen. 3. Er träumt davon, über wichtige Neuigkeiten als Erster berichten zu können. 4. Er denkt daran, Konzerte und Theatervorstellungen als Journalist zu besuchen. 5. Er hofft darauf, mehr über die lokale Wirtschaft zu erfahren.

3 2. Sie glaubt nicht daran, dass er ... 3. Sie spricht darüber, dass er ... 4. Aber sie freut sich darüber, dass Erik ...

## Kapitel 13

1 (1) hochgefahren; (2) erschien; (3) geöffnet; (4) ausgeschaltet; (5) poste; (6) benutze; (7) skypen; (8) geschickt; (9) löschen; (10) lade ... herunter

2 (1) h); (2) a); (3) c); (4) f); (5) n); (6) e); (7) d); (8) o); (9) k); (10) i)

3 2. Sie liebt sowohl Technik als auch Mode. 3. Sie verdient zurzeit gut, deshalb muss sie nicht sparsam sein. 4. Ihr Freund ist ein bisschen neidisch, weil er sich nicht so viel leisten kann. 5. Er möchte sie gerne zum Essen einladen, aber er hat nicht genug Geld. 6. Er ist selbstständig, seitdem seine alte Firma Pleite gemacht hat. 7. Er schreibt jetzt nicht nur Sicherheitssoftware, sondern er gibt auch Seminare. 8. Er bekommt immer mehr Kunden, daher hofft er, bald wieder gut verdienen zu können. 9. Die beiden haben keinen Urlaub gemacht, seitdem er sich selbstständig gemacht hat. 10. Im nächsten Jahr wollen sie wegfahren, wenn sein Geschäft gut läuft.

4 **Beispiele:** Je besser man die Kunden berät, desto mehr Kunden gewinnt man. Je häufiger man sich fortbildet, umso bessere Chancen hat man auf dem Arbeitsmarkt. Je bessere Produkte man hat, desto erfolgreicher ist man. Je mehr man im Internet surft, desto fitter ist man.

5 2. ein Viertel, 3. etwas mehr als ein Drittel; 4. die Hälfte; 5. mehr als die Hälfte; 6. ungefähr zwei Drittel; 7. knapp drei Viertel; 8. drei Viertel; 9. 95%; 10. alle

6a geehrte; Dank; Ihr; vom; Sie; die; etwas; hat; Schreiben; wegen; und; einige; liegen; sind; der; Ansprechpartner; haben; Staubsauger; nicht; uns; bei; Firma; gekauft; Gründen; müssen; über; Verkäufer; uns; Wir; dann; wir; Gerät; können; das; der; sein; Sie; uns; möchte; noch; für; entstandenen; entschuldigen; hoffe; wir; Problem; schnell; möglich; der; Mit; Grüßen

6b 1. zurücksenden; 2. beheben; 3. umzutauschen; 4. dauert; 5. brauche

7a 1. verlieren; 2. nehmen; 3. führen; 4. treffen; 5. treffen; 6. ziehen; 7. nehmen; 8. nehmen; 9. bringen; 10. treten; 11. treten; 12. kommen; 13. finden; 14. geben; 15. setzen; 16. leisten

7b 2. in Erfahrung bringen, in Betracht ziehen; 3. in Betrieb nehmen; 4. in Kontakt treten; 5. eine Entscheidung treffen; 6. aus den Augen verlieren; 7. setze ... in Verbindung; 8. ein Gespräch ... führen; eine Entscheidung treffen; Rückmeldung geben; 9. setzen ... sich ... in Verbindung; 10. in Streik treten

8 die Initiativ-Bewerbung; das Business-Netzwerk; der Personalbedarf; das Suchergebnis; der Headhunter; das Stellenangebot; der Insider-Tipp; der Traumjob

9 1. Initiativ-Bewerbung; 2. Voraussetzung; 3. Kostenvoranschlag; 4. Aufwand; 5. Netzwerke; 6. Umtausch

10 1. bestätigen; 2. habe ... veröffentlicht; 3. optimieren; 4. hat ... vibriert; 5. benachrichtigen; 6. haben ... vernetzt

## Kapitel 14

1a 2. der Konflikt; 3. der Krieg; 4. die Vielfalt; 5. die Identität; 6. die Armut; 7. der Klimawandel; 8. die Verständigung; 9. der Austausch; 10. die Trennung; 11. der Import; 12. der Rassismus; 13. das Risiko; 14. die Tradition; 15. die Kultur; 16. der Handel

1b 2. die Armut; 3. der Import; 4. die Trennung; 5. die Kultur; 6. der Krieg

1c 1. Beziehung; 2. Austausch; 3. Risiken; 4. Identität; 5. Kultur; 6. Handel; 7. Klimawandel

2a *Hauptsatz + Konnektor + Hauptsatz (Konnektor = Position 1: trotzdem;* darum; deswegen) *Hauptsatz + Konnektor + Nebensatz: obwohl;* dass; wenn; solange; damit; seit; als; weil

2b 2. Ich habe einen guten Kontakt zu den Kolleginnen und Kollegen, deswegen fühle ich mich wohl. 3. Ich lebe gerne in Deutschland, obwohl mir das Essen hier nicht so gut schmeckt. 4. Jetzt bin ich schon über drei Jahre hier, trotzdem habe ich oft Sehnsucht nach meiner Heimat. 5. In der Firma engagiere ich mich sehr, damit ich schnell Karriere mache. 6. Wir haben unser erstes Kind bekommen, darum brauchen wir eine größere Wohnung.

3a 1. folglich/infolgedessen/deshalb; 2. sodass

3b **Lösungsvorschlag:** 2. Vielen Betrieben fehlt Personal, infolgedessen müssen sie sich intensiv um Azubis bemühen. 3. Die erste Zeit im Ausland stellt eine besondere Herausforderung dar, deshalb ist man dankbar für Unterstützung. 4. Ein duales Studium ist sehr intensiv, folglich hat man wenig Freizeit. 5. Aber der Vorteil ist: Man wird gleichzeitig praktisch und theoretisch ausgebildet, sodass man gute Chancen hat, schnell eine feste Stelle zu finden.

4 geehrter; Mail; ich; sofort; die; unserer; zuständig; Ich; etwas; über; Information; unserem; Gespräch; ich; Eindruck; ich; wie; die; kümmern; Deshalb; ich; einen; bitten; wir; schnell; können; freundlichen

5a (1) zu; (2) über; (3) von; (4) bei; (5) auf; für; um; (6) auf; (7) Für; (8) auf; (9) für; auf; (10) an; (11) in; bei; (12) an; (13) von

5b (1) Gespräch über; (2) sich für ... bedankt; (3) über ... mich ... gefreut; (4) über ... informiert; (5) für ... zuständig; (6) mich auf ... vorzubereiten; (7) ärgerlich über

6 1. c); 2. a); 3. i); 4. e); 5. j); 6. h); 7. g); 8. d); 9. f); 10. b)

7 Präpositionen: Z. 2.: mit großem Interesse; Z. 3 f.: in Deutschland arbeitet; Z. 5 f.: in meinem Heimatland Rumänien; Z. 10: In meiner Ehe
Rechtschreibung: Z. 3: viele Paare; Z. 8: außerdem; Z. 10: dass
Wortstellung: Z. 4: Sie haben recht; Z. 7: finde ich persönlich, Z. 13: sehr glücklich bin

**8** 1. die Verständigung; 2. belastend; belasten; 3. die Zerstörung; zerstören; 4. das Risiko; riskieren; 5. die Improvisation; improvisieren; 6. der Ärger; ärgerlich; 7. die Scheu; (sich) (nicht) scheuen

**9** 1. verständlich; scheuen; 2. riskant; 3. zerstören; 4. improvisiert; ärgerlich

## Kapitel 15

**1** Affäre | Braut | Bräutigam | Eifersucht | Beziehung | Konflikt | Patchworkfamilie | Scheidung | Hochzeit | Trauer | Trennung | Vertrauen | Wochenendbeziehung
1. Braut, Bräutigam; 2. Wochenendbeziehung; 3. Beziehung; 4. Trennung; Scheidung; 5. Patchworkfamilie; 6. Affäre; 7. Konflikt; Vertrauen; 8. Eifersucht; 9. Hochzeit; 10. Trauer

**2** (2) Ja, du hast ja recht.; (3) Und was hältst du davon; (4) wäre es keine schlechte Idee; (5) Na gut, wenn es sein muss.; (6) Ja, klar, mach das!; (7) Und dann könnten; (8) Erinnerst du dich noch

**3** 1. miteinander; 2. zueinander; 3. voreinander; 4. voneinander; gegeneinander; 5. füreinander; 6. nacheinander; ineinander; 7. aufeinander

**4** 2. Wenn Regula sich fortbilden würde, bekäme sie interessantere Aufgaben. Wenn Regula sich fortgebildet hätte, hätte sie interessantere Aufgaben bekommen. 3. Wenn du mir helfen würdest, wären wir schneller fertig. Wenn du mir geholfen hättest, wären wir schneller fertig geworden. 4. Wenn mein Chef mich dauernd kritisieren würde, würde ich kündigen. Wenn mein Chef mich dauernd kritisiert hätte, hätte ich gekündigt. 5. Wenn die Firma mich nehmen würde, wäre ich total glücklich. Wenn die Firma mich genommen hätte, wäre ich total glücklich gewesen. 6. Wenn seine Frau viel Geld verdienen würde, könnte er sich selbstständig machen. Wenn seine Frau viel Geld verdient hätte, hätte er sich selbstständig machen können.
7. Wenn ihr Mann sie unterstützen würde, könnte Antonia Karriere machen. Wenn ihr Mann sie unterstützt hätte, hätte Antonia Karriere machen können. 8. Wenn unsere Beziehung gut funktionieren würde, könnten wir alle Probleme gemeinsam lösen. Wenn unsere Beziehung gut funktioniert hätte, hätten wir unsere Probleme gemeinsam lösen können.

**5a** 2. Die Frau, die auf dem Foto ist, ist meine Schwester. 3. Der Mann, der mich gerade angerufen hat, will sich mit mir treffen. 4. Die Bilder, die in ihrer Wohnung hängen, finde ich furchtbar hässlich.

**5b** 1. Das Kind, das du auf dem Foto siehst, bin ich. 2. Die Liebesbriefe, die ich weggeworfen habe, waren von meiner Ex-Freundin. 3. Der Krimi, den ich mir im Fernsehen ansehen will, soll sehr spannend sein. 4. Die Familie, die wir im Urlaub kennengelernt haben, wird uns im Juni besuchen.

**5c** 1. die; 2. der; 3. dem; 4. die; 5. das; 6. den; 7. dem; 8. der

**6** 2. Mein Onkel, dessen Frau Karriere macht, ist sehr glücklich als Hausmann. 3. Das Problem, dessen Lösung nicht in Sicht ist, macht mich krank. 4. Meine Freundin, über deren Mann wir gesprochen haben, hat sich scheiden lassen.
5. Unsere Wochenendbeziehung, deren Scheitern vorprogrammiert war, ist jetzt vorbei.
6. Mein Chef, dessen Führungsstil unmöglich war, ist entlassen worden. 7. Das Theaterstück, dessen Autor ich kenne, wird im Stadttheater aufgeführt. 8. Unsere Eltern, um deren Garten wir uns jetzt kümmern, haben uns früher auch viel geholfen.

**7** **Beispiele:** 1. Ich wünsche mir einen Partner, der liebevoll ist. 2. Ich wünsche mir einen Partner, der attraktiv und sportlich ist. 3. Ich wünsche mir einen Partner, mit dem ich reisen kann.
4. Ich wünsche mir eine Partnerin, der ich vertrauen kann. 5. ich wünsche mir eine Partnerin, mit der ich viel zusammen machen kann. 6. Ich wünsche mir eine Partnerin, die zärtlich ist.

**8** der Kompromiss; der Druck; die Eifersucht; der Konflikt; die Scheidung; der Meinungsunterschied; das Ereignis

**9** 1. ~~die Rückfragen~~; 2. ~~dem Konflikt~~; 3. ~~Wirkungen~~; 4. ~~die Eifersucht~~; 5. ~~die Zärtlichkeit~~; 6. ~~jmdm. etwas in die Schuhe~~

## Kapitel 16

**1** 1. Kindergarten; 2. Grundschule; 3. Master; 4. Stipendium; 5. Berufsschule; 6. Abendgymnasium; 7. Studiengebühren; 8. Kursteilnehmer

**2** 1. kann; 2. Wissen; 3. kenne, weiß; 4. Können; 5. kenne, kann; 6. konnte, wusste; 7. kenne, kann; 8. Weißt

**3** 1. b); 2. a); 3. e); 4. g); 5. d); 6. c); 7. f)

**4** 1. netten, hilfsbereite; 2. mobilen; 3. intoleranter, kollegiale; 4. mutige; 5. kämpferischen, neue; 6. andauernden; 7. diszipliniertes; 8. ungewöhnlichen

**5a** Aber erst jetzt, nachdem er in Rente sei, habe er Zeit für dieses Hobby, ... Es mache ihm viel Spaß, die Stücke zu proben. Solange er es könne, wolle er sein Hobby ausüben, ... Trotzdem sei es für ihn eine besondere Herausforderung, auf der Bühne zu stehen, ...

**5b** Aber erst jetzt, nachdem ich in Rente bin, habe ich Zeit für dieses Hobby. ... Es macht mir viel Spaß, die Stücke zu proben. Solange ich es kann, will ich mein Hobby ausüben. ... Trotzdem ist es für mich eine besondere Herausforderung, auf der Bühne zu stehen.

**6** 2. anfangen; 3. ähnlich sein; 4. bekommen; 5. unterstützen; 6. genehmigen; 7. belegen; 8. mehr sein

**7** gee**hrte**; Her**ren**; Inter**net**; **ich**; Ih**re**; Ber**eich**; aufme**rksam**; u**nd**; ger**ne**; Inform**ationen**; d**as**; Umweltman**agement**; Tech**nik**; Wel**che**; Schwer-**punkte**; die**sem**; ei**ne**; d**es**; jeder**zeit**; Be**steht**; Mögli**chkeit**; Stipe**ndium**; beko**mmen**; sen**den**; mi**r**; Mi**t**; Grü**ßen**

**8** (1) gezeigt; (3) spielen; (4) Lernblockaden; (5) fördern; (6) steigern; (7) Lernumgebung; (8) erreicht; (9) Pause; (10) Weiterbildung; (11) Lernstoff; (12) Anspannung; (13) konzentrierter

**9** 2. Du wärst glücklich hier, wenn die Sonne scheinen würde. 3. Könnte meine Kollegin Sie morgen anrufen? 4. Wir müssten für den Test lernen. 5. Ihr hättet noch viel Zeit, wenn ihr den Zug nehmen würdet. 6. Du solltest das Auto kaufen.

**10a** 1. b) ..., als wenn sie vorher noch ganz viel erledigen müsste. 2. a) ..., als könnte sich nicht konzentrieren. b) ..., als ob ihr Kopf leer wäre. 3. a) ..., als ob die Zeit nicht vergehen würde. b) ..., als wenn Tage Jahre wären.

**10b** 2. Ich fühle mich so, als wenn ich eine Erkältung bekommen würde. 3. Meine Kollegin wirkt so, als hätte sie ein Problem. 4. Zuerst sah so aus, als ob die Mannschaft das Spiel gewinnen könnte. 5. Er fühlt sich so, als wenn er im Lotto gewinnen würde. 6. Sie wirkt so, als wäre sie 10 Jahre jünger. 7. Es scheint so, als ob wir schnell eine Entscheidung treffen müssten. 8. Wir haben das Gefühl, als würden wir uns schon immer kennen.

**11** 1. beantragen; 2. die Anreise; 3. blockieren; 4. einschränken; 5. forschen; 6. nachweisen; 7. die Umschulung; 10. die Weiterbildung

**12** 1. Unterstützung; 2. Durchhaltevermögen; 3. Anmeldeschluss; 4. Stipendium; 5. Umschulung

## Grammatik wiederholen D

### Negationswörter

**1** 2. nichts; 3. niemand; 4. nie/niemals; 5. nirgends/nirgendwo

**2** (1) nicht; (2) keine; (3) nicht; (4) nicht; (5) keine; (6) nicht; (7) keine

**3** (1) nichts; (2) nirgends; nirgendwo; nicht; (3) niemanden; keinen; (4) nie

### Indefinitartikel und Indefinitpronomen

**1** viele, einige, manche, wenige

**2** **Lösungsvorschlag:** Die Hälfte meiner Freunde wohnt in einer Wohnung. Niemand hat eine Katze, aber die meisten haben einen Hund. Alle essen gerne Eis. Wenige meiner Arbeitskollegen können Spanisch. Viele meiner Kollegen waren schon mal in Italien. Manchen gehen nach der Arbeit noch ins Fitnessstudio.

### Lokale und temporale Präpositionen

**1** *Akkusativ:* bei; bis; um; durch
*Dativ:* ab; bei; nach; seit; zu; aus; gegenüber; von
*Genitiv:* außerhalb; innerhalb; während; innerhalb
*Dativ (Ort/ Zeit) Akkusativ (Richtung):* an; in; vor; zwischen; auf; hinter; neben; über; unter

**2** (1) seit; (2) um; (3) nach; (4) vor; (5) zwischen; (6) bis

**3** 1. über; 2. Gegenüber; 3. Unter; 4. Zwischen; 5. Hinter; 6. In; 7. auf; 8. in; vor

**4** **Lösungsvorschlag:** Das Auto steht in der Garage. Die Katze springt auf die Mülltonne. Der Hund schläft unter dem Baum. Die Frau hat den Topf auf den Herd gestellt. Das Fahrrad lehnt an der Hauswand. Die Blumenvase steht auf dem Fensterbrett. Der Gartenzwerg steht neben den Blumen.

### Angaben im Satz

**1** 1. Heutzutage arbeiten viele Menschen aufgrund der Globalisierung im Ausland. 2. Wegen einer Dienstreise war mein Kollege gestern nicht in der Firma. 3. In vielen Firmen spricht man seit einiger Zeit wegen der Globalisierung Englisch. 4. Trotz des Fachkräftemangels wirbt Deutschland noch nicht intensiv genug um qualifizierte Fachkräfte.

**2** 1. Er ist vor kurzem wegen eines interessanten Stellenangebots spontan nach Deutschland gezogen. 2. Er arbeitet wegen der interessanten Aufgaben mit Begeisterung an seinem neuen Projekt. Er hat früher intensiv in Brasilien ein ähnliches Projekt betreut. Er fühlt sich wegen des guten Arbeitsklimas in der neuen Firma wohl.

**3** 1. Meine Eltern feiern nächstes Jahr wegen ihrer silbernen Hochzeit in Mainz ein großes Fest. 2. Mein Partner hat nach der Elternzeit überraschend eine interessante Stelle in seiner Firma bekommen. 3. Sie hat gleich nach dem Studium trotz des hohen Risikos eine Firma in Berlin gegründet.

### Passiv

**1** 2. Die Waren werden einsortiert.
3. Der Dienstplan wird besprochen.
4. Die Rechnungen werden geschrieben.
5. Eine neue Kasse wird eröffnet.

**2** 2. Die Waren wurden einsortiert.
3. Der Dienstplan wurde besprochen.
4. Die Rechnungen wurden geschrieben.
5. Eine neue Kasse wurde eröffnet.

**3** 2. Das Bad ist vom Fliesenleger gefliest worden. 3. Die Lampen sind von der Elektrikerin montiert worden. 4. Die Wände sind vom Maler gestrichen worden.

**4** 2. Die Tische müssen gedeckt werden.
3. Die Zimmer müssen aufgeräumt werden.
4. Die Betten müssen bezogen werden.
5. Ein Taxi muss gerufen werden.

**5** Die Küche ist aufgeräumt. Die Stühle sind hochgestellt. Der Fußboden ist geputzt. Die Abrechnung ist gemacht. Das Trinkgeld ist aufgeteilt.

### Konjunktiv II (Vergangenheit)

**1** 2. Er hätte am Montag gerne seine Freundin getroffen, aber sie hatte keine Zeit. 3. Lucian hätte gerne eine Weiterbildung gemacht, aber seine Chefin hat ihm nicht freigegeben. 4. Mein Bruder hätte gerne ein neues Handy gekauft, aber er hatte nicht genug Geld. 5. Tania wäre gerne ins Ausland gegangen, aber dann hat sie sich hier verliebt.

**2** 1. Wenn es nicht geregnet hätte, hätte ich am Sonntag einen Ausflug gemacht. Ich hätte am Sonntag einen Ausflug gemacht, wenn es nicht geregnet hätte. 2. Wenn sie Zeit gehabt hätte, hätte er am Montag gerne seine Freundin getroffen. Er hätte am Montag gerne seine Freundin getroffen, wenn sie Zeit gehabt hätte. 3. Wenn seine Chefin ihm freigegeben hätte, hätte Lucian gerne eine Weiterbildung gemacht. Lucian hätte gerne eine Weiterbildung gemacht, wenn seine Chefin ihm freigegeben hätte. 4. Wenn er genug Geld gehabt hätte, hätte mein Bruder gerne ein neues Handy gekauft. Mein Bruder hätte gerne ein neues Handy gekauft, wenn er genug Geld gehabt hätte. 5. Wenn sie sich nicht verliebt hätte, wäre Tania gerne ins Ausland gegangen. Tania wäre gerne ins Ausland gegangen, wenn sie sich nicht verliebt hätte.

**3** 1. An deiner Stelle hätte ich einen Schirm mitgenommen. 2. Ich hätte ihr einen anderen Termin vorgeschlagen. 3. Er hätte der Chefin klarmachen sollen, wie wichtig die Weiterbildung ist. 4. An seiner Stelle hätte ich ein günstiges Modell genommen. 5. Sie hätte eine Fernbeziehung in Kauf nehmen können.

### Hauptsatz-Konnektoren

**1** 2. aus diesem Grund; 3. denn; 4. daher; 5. sondern; 6. trotzdem

**2** 1. Ich möchte studieren, aber davor muss ich eine Sprachprüfung bestehen. 2. Meine Freundin geht ein Jahr nach England oder sie fängt in Leipzig eine Ausbildung an. 3. Mein Onkel hat nicht studiert, denn er musste gleich nach der Schule Geld verdienen. Mein Onkel hat nicht studiert, sondern er musste gleich nach der Schule Geld verdienen. 4. Er hat das Geld gebraucht, denn er musste für seine Familie sorgen. 5. Er hat auf dem zweiten Bildungsweg das Abitur nachgemacht und jetzt studiert er.

**3** **Beispiele:** 1. Mir hat es in Frankfurt so gut gefallen, deshalb lebe ich jetzt hier. 2. Am Anfang hatte ich Schwierigkeiten mit der deutschen Sprache, aber jetzt kann ich fast alles verstehen. 3. Zurzeit lerne ich Deutsch, denn ich möchte in Deutschland studieren. 4. Ich habe nicht viel Zeit zum Lernen, trotzdem schreibe ich gute Noten und meine Lehrerin ist mit mir zufrieden. 5. Die Sprache ist wichtig, um hier richtig anzukommen, aus diesem Grund habe ich mich zu einem Sprachkurs angemeldet.

# Quellen

S. 3 Hermann Dörre, München
S. 5 Shutterstock (Jacob Lund)
S. 6 Shutterstock (CREATISTA)
S. 10 Hermann Dörre, München
S. 11 oben: Shutterstock (Nik Stock); Shutterstock (Oleksandr Rybitskiy); Shutterstock (sylv1rob1); Shutterstock (Dmitri Gristsenko); unten: 1. Shutterstock (iMoved Studio); 2. Shutterstock (Valeriy Evlakhov); 3. Shutterstock (AlenKadr); 4. Shutterstock (KKulikov); 5. Shutterstock (5ociq); 6. Shutterstock (Chimpinski); 7. Shutterstock (nortongo); 8. Shutterstock (Fedorov Ivan Sergeevich);
S. 12 Shutterstock (goodluz)
S. 16 Shutterstock (mubus7)
S. 17 Shutterstock (isabel engelmann)
S. 18 Shutterstock (Hadrian)
S. 30 1. +2. Shutterstock (Ruslan Guzov); Shutterstock (vadimmva); Shutterstock (Miriam Doerr, Martin Frommherz)
S. 31 Shutterstock (Andreas Zerndl)
S. 35 Shutterstock (ImageFlow)
S. 36 oben: Shutterstock (bbgreg); unten: Shutterstock (spe)
S. 40 Shutterstock (Andrey_Popov)
S. 42 Shutterstock (David Tadevosian)
S. 43 Shutterstock (ArtFamily)
S. 46 Shutterstock (Tatiana Chekryzhova)
S. 47 Hermann Dörre, München
S. 48 Shutterstock (Dragon Images)
S. 49 oben: Shutterstock (WAYHOME studio); Shutterstock (mimagephotography); Shutterstock (ESB Professional); unten: Shutterstock (Djomas); Shutterstock (Nadino); Shutterstock (kurhan)
S. 52 Hermann Dörre, München
S. 53 Shutterstock (Straight 8 Photography)
S. 54 oben: Shutterstock (phoelixDE); unten: Shutterstock (Konstantin Chagin)
S. 55 1. Shutterstock (Cookie Studio); 2. Shutterstock (Borysevych.com); 3. Shutterstock (tommaso79)
S. 61 Shutterstock (Corepics VOF)
S. 62 Shutterstock (Kichigin)